용돈
교육의
마법

스스로 돈 관리하는 아이로 만드는

# 용돈 교육의 마법

| 김영옥 지음 |

# 처음 시작하는 우리 아이 돈 공부

"엄마가 내 돈을 마음대로 써버렸어요."

"우리 애는 아빠 얼굴만 보면 용돈을 달래요."

학교나 금융기관에서 경제교육을 하다 보면 아이들과 부모들 모두 저마다의 입장에서 서로에 대한 불만과 불평을 늘어놓는다. '돈'에 대한 생각과 입장이 다르기 때문이다.

'세대 차이'라는 말이 있다. 세상은 끊임없이 변하고 사람마다 자라는 주변 환경이 다르기 때문에 생각의 차이는 어쩔 수 없이 발생한다. 부모와 자식 사이라고 해서 다르지 않다. 돈에 대한 생각 역시 마찬가지다. 부모 세대의 세상과 아이 세대의 환경이 엄청나게 달라졌기에 돈을 바라보는 관점이나 절실함이 다를 수밖에 없다. 그렇기 때문에 돈에 대한 생각을 함께 이야기하고 올바른 경제관념을 가질 수 있도록 이끌어줘야 한다.

앞으로의 세상은 지금까지의 세상보다 돈을 쓰기에 훨씬 더 편하고 자본의 힘도 강력해질 것이다. 세상은 소비를 부추기며 생각할 시간을 주지 않고 우리의 선택을 종용한다. 보이는 대로, 느끼는 대로, 편리한 대로 소비를 부추기는 문화는 우리의 현명한 선택을 바라지 않는다. 이런 문화에 대비하지 않으면 우리의 아이들은 무분별한 소비에 길들여질 수밖에 없다.

"경제는 생활 속 습관과 체험이다. 잘못된 판단을 바로잡는 데는 시간이 많이 걸리기 때문에 어릴 때부터 경제를 잘 가르쳐야 한다."

미국의 연방준비제도이사회(FRB) 의장을 네 번이나 역임한 앨런 그리스펀의 말이다. 그 역시 어릴 때부터 부모에게 용돈관리를 비롯해 경제지식과 투자에 대해 배웠다. 일찍부터 시작된 부모의 경제교육이 세계적인 경제전문가를 만든 것이다.

사실 '돈 공부'만큼 부모로서 관심을 가지고 주의를 기울여 가르쳐야 할 것이 있을까? 돈은 살아가는 데 없어서는 안 되는 것이지만, 어떻게 사용하느냐에 따라 삶을 풍요롭게도 하고 재앙을 가져오기도 한다. 때문에 부모는 경제교육을 통해 아이에게 돈의 가치와 소득을 위한 노동의 소중함, 그리고 저축과 소비 등 경제관념을 심어

주어야 한다. 한때 유행한 것처럼 단순히 부자가 되는 법을 가르칠 것이 아니라 먼저 자신만의 돈에 대한 생각, 가치관을 갖도록 해야 한다. 인생에서 돈이 아니라 자기 자신이 삶의 중심이자 주체가 될 수 있도록 말이다.

나는 초등학생부터 청소년까지 아이들의 경제교육 강사로 10년 넘게 활동하고 있다. 서울, 부산, 대전 등 대도시부터 도서벽지와 울릉도까지 전국을 누비고 다녔다. 그동안 쌓아온 경제교육의 노하우와 원칙들을 많은 부모들에게 알려주고 싶은 마음에 이 책을 썼다. 교육현장에서 가르치고 있는 내용, 내가 두 아이를 키우며 경험했던 일들, 부모들과 상담했던 대화들을 고스란히 담았다.

엄마들을 만나 이야기하다 보면, 모두가 경제교육과 용돈교육의 필요성은 절감하지만 실천하기는 주저한다. 귀찮게 생각하거나 전문지식이 있어야 한다고 생각하기 때문이다. 또한 학업에 비해 우선순위에서 밀리는 것이 현실이다. 그러나 경제교육이라고 해서 거창하거나 특별한 준비가 필요한 것이 아니다. 아이가 과자나 장난감을 사려고 할 때, 불필요한 학용품을 사려고 할 때, 음식과 물을 낭비할 때처럼 생활 속에서 부모의 지도와 훈육이 필요한 순간이라면 언제라도 경제교육을 할 수 있다.

아이에게 아직 용돈을 주지 않는다면 이제부터 조금씩 정기적으로 용돈을 주면서 돈에 대해 알려주자. 이미 용돈을 주고 있다면 용돈을 주는 목적이 무엇인지 다시 한 번 생각해보자. 올바른 용돈교육을 받고 자라는 아이들은 계획성이 높아지고 인내심과 자기조절력이 향상된다. 이런 능력이 계발되면 친구관계는 물론이고 학업성적에서의 효과도 따라온다. 이제 우리 함께 용돈교육의 마법을 체험해보자.

제1장  우리 아이의 경제마인드는
　　　　괜찮을까

**제2장** 현명한 경제습관을 만드는 10가지 방법

##  제3장 우리 아이 부자로 만드는 자신만만 경제상식

## 제4장 건강한 생각을 가진 아이가 진짜 행복한 부자

• 제 1 장 •

# 우리 아이의
# 경제마인드는
# 괜찮을까

올바른 경제관은 어느 한순간의 특별한 교육이 아니라, 생활 속에서 자연스럽게 형성되는 것이다. 경제교육의 기본은 돈을 어떻게 사용해야 하는지 알려주는 것이다. 어릴 때부터 가정에서 아이들이 용돈을 통해 경제활동을 경험하고 경제와 돈의 개념을 배울 수 있게 하자.

많은 부모들이 아이의 학업에는 신경을 쓰면서 경제교육에는 소홀하다. 돈에 대해 배울 시간에 차라리 공부를 더 많이 해서 높은 성적을 받으면 '일류 대학'을 가고 '좋은 직업'을 가져 경제적으로도 풍요로울 것이라고 생각한다. 하지만 과연 그럴까? 좋은 직업으로 아무리 돈을 많이 벌더라도 잘 사용하고 관리하는 법을 모른다면 아무 소용이 없다. 밑빠진 독에 물을 붓는 상황이 되기 때문이다.

세계적 투자가이자 슈퍼 리치인 워렌 버핏은 엄청난 자산가임에도 불구하고 아이들을 평범하게 키웠고 용돈 액수를 정해서 줬다. 그의 자녀들은 다 성장하고 나서야 아버지가 슈퍼 리치라는 사실을 알았을 정도로 버핏의 돈 관리는 엄격했다. 마이크로소프트사를 창업한 빌 게이츠도 용돈을 빠듯하게 주고 자녀들이 간단한 집안일 돕기를 통해 스스로 용돈을 벌도록 교육한 것으로 유명하다.

세계에서 손꼽히는 자산가들이 이처럼 자녀에게 철저하게 용돈교육을 실행한 이유는 한 가지다. 돈을 제대로 사용하고 관리하는 법을 알지 못한다면 결코 행복하게 살 수 없기 때문이다. 계속 강조하지만 용돈교육은 '돈을 잘 관리하고 지키는 방법'을 가르치는 것이다.

이 장은 경제교육의 시작이라 할 수 있는 용돈교육이 갖는 의미와 교육 방법, 부모의 준비자세 등을 담고 있다. 부모와 아이가 일상생활에서 맞닥뜨리는 상황을 통해 설명할 것이다. 누구나 다 아는 말을 하자면, 아이들에게 물고기를 잡아주지 말고 물고기 잡는 법을 알려줘야 한다. 용돈교육을 통해 우리 아이에게 행복한 부자가 되는 법을 가르치자.

## Situation 1

# 원하는 대로 다 사주시는데
# 왜 아껴야 해요?

### 돈 쓰는 걸 무서워하지 않는 아이들

얼마 전 친구와 오랜만에 만났다. 친구는 일상을 이야기하다가 황당한 일이 있었다며 말했다. 아이의 개학을 앞두고 함께 대형 문구점에 갔는데 학용품 사느라 10만 원 가까이 돈을 썼다는 것이다.

"왜 그렇게 많이 썼어? 가게 물건을 다 산 거야?"

농담처럼 말을 건네자 친구는 고개를 절레절레 젓는다.

"이 녀석이 돈 쓰는 게 무서운 줄 모른다니까. 아주 걱정이야."

"뭘 샀는데 그래? 이것저것 많이 사서 그런 거야?"

"물건 종류도 많았지만, 그보다는 비싼 것만 고르더라고. 아예 가격표는 보지도 않고 그냥 막 바구니에 담더라니까."

볼펜도 1,000원짜리부터 1만 원짜리까지 천차만별이다. 가격을 고려하지 않고 산다면 문구점에서도 수십만 원 쓰는 게 가능하다. 친구의 아이는 가격은 생각조차 하지 않고 볼펜이며 샤프와 색연필 세트, 사인펜 세트 등을 신나게 골랐던 것이다.

"저런. 앞으로는 물건을 살 때 좀 더 실속 있는 물건을 고르는 방법을 알려줘야겠네."

내 말을 들은 친구가 다시 고개를 저었다.

"그래야 하는데, 남편이 문제야. 늘 아이한테 사고 싶은 거 다 사라고 하거든. 그러니 이런 일이 생기는 거야."

그랬다. 자녀를 무척 사랑하는 아빠는 아이가 원하는 걸 다 사주고 싶었고, 아이는 아빠가 시키는 대로 했을 뿐이다.


## 돈을 모르는 아이, 가르쳐주지 않는 부모

학교나 여러 기관에서 아이들과 부모들에게 소비, 저축, 나눔을 주제로 용돈과 경제에 대한 강의를 하다 보면 공통적인 하소연들을 들는다.

"요즘 애들은 돈 쓰는 게 무서운 줄 몰라요."

"가격표는 보지도 않고 막 골라요."

왜 요즘 아이들은 돈 쓰는 걸 무서워하지 않는 걸까? 돈에 대해 배운 적이 없기 때문이다. 돈이 어떤 존재인지, 우리 삶에서 어떤 역할을 하고 있는지 모르기 때문이다. 부모님이 주는 돈으로 재미있는 것들을 쉽게 할 수 있으니, 돈을 쓰는 것만 배우는 것이다. 돈이 자신을 즐겁게 해주니까 '돈만 많으면 무조건 행복하겠구나' 하는 마음이 생기는 것이다. 이렇게 자란 아이는 결국 '인생의 목적'을 '돈'에 두게 된다.

앞서 친구에게 있었던 일은 아빠가 아이에게 마음껏 물건을 사라고 허용해서 벌어진 일이다. 물건을 살 때는 꼭 사야 하는 물건인지 생각해보고, 가정의 경제상황을 고려해서 가격표를 살피며 좀 더 알뜰한 쇼핑을 해야 한다. 그런데 어른들이 알려주지 않았으니 아이 입장에서는 그런 사실을 알 수 없다. 안타깝게도 우리나라의 많은 부모들이 아이에게 돈 쓰는 법을 가르쳐주지도 않으면서, 잘못 쓰는 것만 걱정하고 아이를 다그친다.

"내가 돈 찍어내는 기계니?"

"자식이 아니라 돈 덩어리네."

부모가 이렇게 화를 내도 아이는 왜 야단맞는지 영문을 모를 것이다. 문제는 아이가 아니라, 부모의 행동이 앞뒤가 안 맞기 때문이다.

돈은 우리 삶에서 굉장히 중요하다. 잘 쓰면 우리 삶을 유익하게 해주지만, 잘못 사용하면 삶을 망가뜨리는 흉기가 된다. 일생 동안 돈을 잘 모으고 적절하게 쓰는 사람은, 건강하고 자기주도적인 삶을 살 수 있다. 때문에 부모는 어릴 때부터 돈에 관한 교육을 해야 한다.

**Solution** 지금 바로
용돈교육을 시작하자

용돈교육은 쉽고 간단하다. 아이에게 매주 일정 금액을 주어 사용하게 하고, 그중 일부는 저축해서 필요한 데 쓰도록 하는 것이다. 또한 목표금액을 정하고 모아진 금액으로 무엇을 할지 스스로 결정하게 하는 연습도 중요하다.

"공부 가르치는 것도 바쁜데 용돈교육까지 시켜야 해요?"

용돈교육의 중요성을 강조하면 이런 반응을 보이는 부모가 있다. 잠시 생각해보자. 부모는 아이의 대학진학을 위해 온갖 시간과 비용을 투자하지만, 솔직히 국영수를 못한다고 인생이 잘못되지는 않는다. 하지만 경제습관이 잘못되면 인생이 망가진다. 아이 자신의 인생뿐 아니라 부모의 노후도 암울해지기 쉽다.

　내 아이만큼은 하고 싶어 하는 일들을 다 하면서 살게 하고 싶고, 돈 때문에 귀한 자식 기죽이고 싶지 않은 부모의 심정은 이해한다. 그러니 아이의 욕구를 죽을 때까지 무한정 들어줄 수 있는 부모는 없다. 경제교육뿐 아니라 모든 교육의 목적은 부모가 없어도 아이 스스로 삶을 개척해나가는 힘을 길러주는 것이다.

　초콜릿을 좋아하는 아이에게 무한정 초콜릿을 사준다면 이내 충치로 고생하는 모습을 가슴 아프게 지켜봐야 한다. 불 보듯 뻔한 결과다. 돈도 마찬가지다. 아이가 원한다고 무조건 돈을 많이 주려고 노력할 일이 아니다. 욕심을 절제하고 돈을 제대로 사용할 수 있는 훈련을 시켜줘야 한다. 바쁘다는 핑계로, 아직 어리다는 이유로 차일피일 미루지 말자. 아이가 자신의 삶을 책임지며 멋지게 살아갈 수 있는 사람으로 성장하는 비결이 경제교육 속에 있다.

---

**Financial Point**

● 경제교육은 '세상을 살아가는 지혜를 가르치는 것'이다.
● 씀씀이가 헤프다고 다그치지 말고 차분히 가르쳐주자.

Situation 2

500

# 엄마,
# 나도 큰 집에 살고 싶어요

## 남과 비교하기 시작한 아이

큰딸이 어린이집에 다닐 때의 일이다. 여섯 살 무렵이었던 것 같다. 동네 친구와 아이 엄마가 놀러온다고 약속을 했다. "띵동!" 벨소리가 나기 무섭게 딸아이는 현관 앞으로 달려가 문을 열어줬다. 그런데 딸아이 친구는 현관 앞에서 잠시 주춤했다.

"너희 집 왜 이렇게 작아?"

친구의 말에 딸아이는 어리둥절한 표정을 지었다. 아마 한 번도 집이 작다고 생각해보지 않았을 것이다. 어색함도 잠시, 아이들은 놀기에 바빴고 엄마들은 수다삼매경에 빠졌다. 그날 일은 그렇게 지나갔다.

얼마 후 이번에는 또 다른 친구들이 집에 놀러 왔다. 벨소리에 문을 열어 주면서 딸아이가 먼저 말을 건넸다.

"들어와, 근데 우리 집이 좀 작아."

딸아이의 말이 뜬금없다고 느낀 나는 친구들이 돌아간 후 아이에게 물었다.

"애들이 물어보지도 않았는데 왜 그런 말을 한거야?"

"지난번에 친구가 우리 집이 작다고 해서 애들한테 그냥 말한 거야."

친구들이 "집이 작다"고 할까 봐 미리 선수를 쳤다는 말이다. 아이는 친구의 말을 기억하고 있었던 것이다. 퇴근 후 돌아온 남편에게 이 일을 이야기하니, 남편이 아이에게 물었다.

"너 진짜로 우리 집이 작다고 생각하는 거니?"

아이는 고개를 끄덕였다.

"친구들이 그러는데 우리 집보다 넓은 집도 많대. 우리도 큰 집으로 이사하면 안 돼? 나도 큰 집에서 살고 싶어."

남편은 아이를 앉혀놓고 타이르기 시작했다.

"우리 집은 네 식구가 살기에 작은 집이 아니야. 불편함을 전혀 못

느낄 정도니까 감사하면서 지내야 해. 다른 사람이 더 넓은 집에 산다고 우리도 따라할 필요는 없어."

이렇게 차분히 말하는가 싶더니 어느새 옛날이야기로 빠졌다.

"아빠가 어렸을 때는 말야, 한 방에 모든 식구가 같이 지냈어…."

잘 듣던 큰딸은 점점 지루한 표정을 짓더니, 이내 도망쳤다.


## 아이들은 눈에 보이는 대로 인식한다

부모라면 누구나 내 아이에게 남들보다 좋은 환경을 만들어 주고 싶어 한다. 그러나 마음과 현실은 다를 수밖에 없다. 가정마다 형편이 다르기 때문이다. 그런데 아이가 집에 대해 불평을 늘어놓거나 다른 집과 비교한다면, 부모들은 화를 내거나 핀잔을 주며 아이에게 불필요한 죄책감을 갖게 하기 쉽다. 아이가 '다른 사람과의 차이'를 인식하는 것을 '욕심이 많다'고 착각하는 것이다.

아이들은 친구 집에 놀러 가거나 TV나 기타 매체 등을 통해 다양한 환경을 접한다. 그 과정에서 차이를 인식하고 불평하거나 만족하며 세상을 바라보는 눈을 갖게 된다. 내가 가진 것과 남이 가진 것이 다르다는 사실을 깨닫는 것이다.

같은 동네, 같은 아파트 안에서도 서로 다른 크기의 집이 있다는 것을 알게 되고 집 앞에 세워진 차들을 보면서 이 차는 비싼 차(좋은 차), 이 차는 싼 차(안 좋은 차)라며 구분하기도 한다. 이 과정에서 자연스럽게 자신과 타인을 비교하게 된다.

그저 단순하게 눈에 보이는 대로 인식하는 것이기 때문에 나무랄 일이 아니다. 굳이 아이의 말에 야단을 치거나 문제를 삼을 필요도 없다. 사람들의 얼굴이 다르듯, 사는 모습도 다양하며 차이는 자연스러운 것임을 알려주면 된다.

**Solution** '차이'를 자연스럽게 받아들인다

나는 큰딸과 따로 이야기하는 시간을 가졌다. 아직은 어리니까 복잡하게 말할 필요는 없다고 생각했다. 아이가 우리 집이 친구의 집보다 못하다고 생각하지 않도록 대화를 이끌었다.

"우리 딸, 이사 가고 싶구나."

"응. 나도 큰 집에서 살고 싶어. 우리 집은 왜 친구들 집보다 작아?"

"세상엔 여러 모양의 집들이 있어. 크기도 다르고. 우리 딸, 친구 세영이랑 얼굴이 똑같을까, 다를까?"

"달라."

"그러면 서로 다르다고 해서, 누가 누구보다 못생겼다고 할 수 있을까?"

"아니야. 못생기지 않았어. 그냥 다른 거지."

"그래 맞아. 사람들 얼굴이 서로 다른 것처럼, 각자 사는 집도 다를 수 있어. 그걸 누가 더 낫다, 더 안 좋다고 생각할 필요는 없어."

"알겠어. 근데 엄마, 나는 이사 가고 싶어."

"그렇구나. 다른 집에 가서 살아보는 것도 재미있을 거야. 그럼 우리 여기서 좀 더 살다가 나중에 이사 가보자."

"좀 더 살고? 왜?"

"이 집에서 살면서 좋은 일이 참 많아서 그래. 우리 딸이 예쁘고 건강하게 자란 이 집이 너무 좋아. 그래서 여기서 좀 더 살아보고 싶은데, 우리 딸은 어때?"

이렇게 말 해주자 아이의 표정이 밝게 변하더니 흔쾌히 동의했다.

"그럼 좀 더 살자."

그날의 해프닝은 이렇게 마무리됐다.

물론 아이와의 대화가 늘 이렇게 부모 뜻대로 끝난다고 장담할 순 없다. 하지만 중요한 것은 아이가 눈으로 드러나는 차이 때문에 자신의 삶을 남보다 못하다고 생각하게 내버려둬서는 안 된다는 것이다. 사소한 사건이지만, 부정적인 시각이 조금씩 쌓이면 삶의 자세가 부정적으로 변할 수도 있다. 그래서 이런 일이 있을 때 충분히 대화해서 아이가 자신의 삶을 긍정적으로 바라볼 수 있도록 관심을 가져야 한다.

**Financial Point**

- 부모가 아이의 말을 오해해서 화를 냈다면, 얼렁뚱땅 넘어가지 말고 반드시 사과하자.
- 매사에 감사하는 마음을 아이들 앞에서 표현하자. 부모의 긍정적 말이 긍정적인 아이를 만들고 긍정적인 아이는 스스로 만족할 줄 안다.

## Situation 3

# 나도 직접
# 돈을 쓰고 싶어요

### 용돈교육을 시작할 때

"우리 딸, 이제 초등학생이 되었으니 엄마가 용돈 줄게."

"우와 정말이지?"

나는 첫째 딸이 초등학교에 입학한 후부터 용돈교육을 시작했다. 경제교육 강사로서 아이의 경제관념을 확실히 교육시켜보겠다는 포부가 있었고, 아이도 마침 돈에 관심을 보이기 시작했기 때문이다.

반면에 둘째 딸은 초등학교 3학년 때 용돈교육을 시작했다. 첫째 아이는 엄마인 내 의도가 강했지만, 둘째 아이는 본인이 원하는 시기에 시작해야겠다고 생각했기 때문이다. 둘째 딸은 초등학교 3학년이 되자 이렇게 말했다.

"엄마, 나는 왜 언니처럼 용돈 안 줘? 나도 내가 직접 돈을 쓰고 싶어."

용돈교육의 시기는 달랐지만, 두 아이 모두 초등학교 입학 전부터 마트 심부름을 곧잘 시켰다. 아이들은 혼자서 물건을 사오고 거스름돈과 영수증을 챙겨온 것에 대해 자랑스러워했다. 용돈교육을 시작하기 전에 이렇게 돈을 다뤄볼 수 있는 가벼운 활동을 시켜보는 것도 좋은 방법이다.

많은 부모들의 사례를 지켜본 결과, 본격적인 용돈교육은 초등학교 1학년이나 2학년 때 시작하는 것이 가장 효과가 컸다.

## 자아가 성장할수록 주도권을 원한다

학교에 들어가서 또래들과 어울리게 되면 아이들은 보이지 않게 서로 경쟁한다. 그래서 무엇이든 '스스로', '혼자', '직접' 해보겠다는 욕구가 커지기 시작한다. 아이의 자아가 성장하면서 자신의 삶에 대한 주도권을 갖겠다는 의지가 커지기 때문에, 이러한 변화를 존중하고 지지해줘야 한다. 또한 그렇기 때문에 이때가 용돈교육을 시작할 적기다.

미취학 시기(6~7세)에서 1학년 때까지는 부모와 밀착된 생활을 하기 때문에 직접 돈을 쓸 기회가 거의 없으므로 굳이 용돈을 주지 않아도 좋다. 그러나 위로 형제가 있는 아이들의 경우, 예닐곱 살인데 용돈을 달라고 할 수 있다. 형제의 영향으로 돈에 대한 개념을 좀 더 빨리 배우는 것이다. 이럴 때는 돈이 무엇인가를 알려주고 절약하는 습관을 키울 수 있도록 돼지저금통을 마련하고, 칭찬스티커를 활용해 저축습관을 키우는 훈련을 하는 것이 적절하다.

대개의 경우 아이가 부모와 항상 동행하는 시기를 벗어나는 때, 즉 혼자 등하교를 하고 학원을 갈 수 있는 연령대(초등학교 2학년 정도)가 적당하다. 아이가 혼자 또는 친구들과 다니며 주변의 상점에 들어가 돈을 내고 물건을 살 수 있기 때문이다.

이 나이 때는 어느 정도 셈을 할 수 있고 돈에 대한 관심도 생긴다. 초등 저학년은 아직 돈 쓸 일이 많지 않으므로 용돈으로 필요한 것을 사되, 일정금액은 저축을 하도록 지도하자.

**Solution** 정기적으로 용돈을 주자

얼마의 용돈을 주고, 어떻게 쓰게 할 것인지는 아이의 나이와 소비 패턴 등을 고려해 결정한다. 또래 아이들과 우리 아이의 소비 패턴을 관찰하면 적절한 금액을 설정할 수 있다.

초등학교 저학년 아이들이 마트나 학교 앞에서 사 먹는 음식들은 대부분 가격이 1,000원 이내다. 주 5일 학교를 가니 두 세번 정도는 사 먹고 싶어 한다. 사 먹고 싶을 때마다 다 사 먹게 할 수는 없고, 그렇다고 너무 부족하지도 않아야 한다. 일주일에 간식비로 2,000원 정도 쓰면서 저축까지 하려면 3,000원 정도가 적당하다. 만약 종교가 있다면 교회나 성당, 절에 내는 헌금까지 고려해서 용돈의 범위와 금액을 정한다.

용돈교육을 처음 시작하면 여러 가지 갈등이 발생할 수 있다. 액수와 사용 범위를 정했다고 해도 부모와 아이의 생각이 다를 수 있어서다. 예를 들어 부모와 함께 마트에 간 아이가 장난감을 갖고 싶어 할 때 부모는 용돈으로 사라고 하지만, 아이는 부모가 사줘야 한다고 생각하는 것이다.

생각의 차이가 생기면 다툼이 일어나기 쉽고, 다툼이 잦아지면 부모는 불편하고 귀찮으니 용돈교육을 포기하고 싶어진다. 그러나 자녀 양육에서 '일관성'만큼 중요한 것은 없다. 부모 마음 내키는 대로 '했다, 안 했다'를 반복하면 어떤 훌륭한 양육법도 아이에게 통하지 않는다. 어떤 일도 처음부터 완벽할 수는 없다. 마찰이 생기면 그때그때 충분히 서로의 생각을 나누고 조율하면서 용돈교육을 계속해야 한다. 용돈교육에서 지켜야 할 가장 중요한 점은 '지속성'이다. 학기 중에는 착실하게 용돈교육을 하다가, 방학이 시작되면 흐지부지 끝나는 경우가 많은데, 방학 때에도 멈추지 않고 지속해야 한다.

**Financial Point**

- 용돈의 액수와 범위는 집안 형편과 또래 아이들의 소비패턴, 내 아이의 성향을 종합적으로 고려해 결정한다.
- 아이와 마찰이 생기더라도 용돈교육을 포기해서는 안 된다.

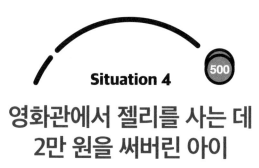

## Situation 4

# 영화관에서 젤리를 사는 데
# 2만 원을 써버린 아이

### 돈의 크기를 잘 모른다면

가족이 다 함께 영화관에 갔을 때의 일이다. 상영관 앞에는 패스트푸드점과 화려한 팬시용품 가게들이 즐비했다. 작은딸은 여기저기 둘러보며 상점에 진열된 물건들에서 눈을 떼지 못하더니 젤리가게 앞에서는 아예 발걸음을 멈추고 젤리 박스 앞에 붙어 섰다.

"엄마! 나 젤리 사 먹으면 안 돼? 세뱃돈 받은 거 2만 원 갖고 왔어. 젤리 가격은 2,000원 정도야."

가격이 적당하다고 생각해 사 먹어도 좋다고 허락했다. 잠시 후 딸아이는 한 손에 젤리 봉투를 안고 다른 한 손으로 연신 젤리를 집어 입에 넣으며 우리 쪽으로 신나게 걸어왔다. 우리의 시선은 젤리 봉투로 향했다. 누가 봐도 2,000원어치가 아니었다.

"그게 2,000원어치니?"

내 물음에 아이는 주머니에서 잔돈 몇백 원을 꺼내 보여줬다. 맙소사! 아이는 가지고 간 돈을 다 보여주며 젤리를 달라고 했고, 점원은 순순히 보여준 금액만큼 젤리를 줬던 것이다.

"너 생각이 있는 거니, 없는 거니?"

기가 막힌 나는 아이에게 화를 냈고, 당황한 아이는 고개를 떨구고 울음을 터뜨렸다.

"엄마가 가서 돈으로 바꿔오면 안 돼?"

"이미 먹었는데 누가 돈으로 다시 바꿔주니? 네가 주인이면 바꿔주겠어?"

아이의 말에 한층 더 열을 내다가 영화 상영 시간이 되어 부랴부랴 극장 안으로 들어갔다. 불이 꺼지고 영화가 시작되니, 별것도 아닌 일에 너무 아이를 나무랐다는 생각에 후회가 몰려왔다. 아이는 젤리 봉투를 손에 쥔 채 영화 상영 시간 내내 훌쩍거리느라 영화를 제대로 보지도 못했다. 젤리 봉투는 집에 오는 내내 천덕꾸러기가 되어 찌그러져 있었다.

# 어른의 상식이 아이의 상식은 아니다

이 일은 아이가 돈의 가치를 잘 몰랐기 때문에 벌어진 사건이다. 2만 원은 젤리를 사는 데 모두 써버리기에는 큰돈이다. 하지만 생각해보니 나는 그때까지 돈의 가치에 대해서 알려준 적이 없었다. 1,000원과 1만 원의 가치가 어떻게 다른지 어른에게는 너무 당연한 상식이어서 아이가 그것을 모를 것이라고 생각해본 적이 없었다. 가르쳐준 적도 없으면서 당연히 알 것이라고 생각한 것이 잘못이었다.

요즘처럼 쇼핑하기 좋은 세상, 돈 쓰기 좋은 환경 속에 살면서 절제하는 것은 어른에게도 쉬운 게 아니다. 하물며 돈의 가치를 잘 알지 못하는 아이들이 어떻게 처음부터 알뜰한 소비를 하겠는가. 아이가 아무렇지도 않게 큰돈을 덜컥 사용하면 보통의 부모들은 나처럼 아이를 야단치고 질책할 것이다. 하지만 이런 때야말로 좋은 교육의 기회이다.

우리는 수많은 실패와 실수를 통해 성장하고 성숙해진다. 어려서 용돈을 잘못 써서 후회하는 경험도 해봐야 어른이 되어 많은 돈을 함부로 쓰는 실수를 저지르지 않는다. 아이가 용돈으로 할 수 있는 낭비라는 것이 그리 큰 경제적 손실은 아니므로, 아이가 직접 지출해보고 그 결과를 느끼고 책임을 지는 경험을 하는 게 좋다.

어려서의 실수는 실패가 아니라 경험이고, 이런 경험이 아이를 단단하게 만들어준다. 그러니 아이가 용돈을 쓰면서 실수를 했을 때는 너무 야단치지 말고 바람직한 방향으로 인도해주자.

**Solution** 돈의 액수에 맞는 소비를 하도록 지도하자

집에 돌아온 나는 동전과 지폐를 준비했다. 아이에게 각각의 돈의 크기를 알려주고 금액에 따라 살 수 있는 것이 다르다는 것을 설명했다.

"10원짜리 동전 10개가 모이면 100원이야. 500원짜리 동전 10개가 모이면 5,000원이지."

아이에게 10원짜리 10개를 탑처럼 쌓게 하고 그 옆에 100원짜리 하나를 놓게 했다. 아이는 놀이처럼 생각하며 좋아했다. 이번에는 100원짜리 10개를 쌓고 그 옆에 지폐 1,000원짜리를 놓았다.

"100원으로 할 수 있는 것은 뭐가 있을까?"

"학교 앞 슈퍼에 100원짜리 사탕이 있는데 그거 말고는 살 게 없어."

"별로 할 수 있는 게 없지? 그런데 100원이 10개 모여 1,000원이 되면 뭘 할 수 있을까?"

"컵 떡볶이나 슬러시를 사 먹을 수 있어."

"그래. 그 정도는 할 수 있겠다. 엄마는 1,000원으로 마트에서 아이스크림 사 먹을 수 있겠네. 아니면 저금을 해도 좋을 것 같아. 그럼 이번에 네가 젤리 사느라고 쓴 2만 원은 어느 정도 크기인지 볼까?"

나는 1,000원짜리 20장을 보여주고, 100원짜리 몇 개가 모이면 2만 원이 되는지 알려준 다음 2만 원으로 살 수 있는 물건도 설명했다.

"돈의 크기를 알아야 돈을 잘 쓸 수 있어. 영화관에서의 일은 네가 2만 원의 돈 크기를 몰라서 그런 건데, 너무 큰 돈을 한 번에 써버렸다는 생각에 순간 나도 모르게 화를 냈어. 엄마가 화내서 미안해."

설명을 마치고 화낸 일에 대해 진심으로 사과하고 꼭 안아줬다. 딸은 비로소 마음이 풀리는지 다시 한 번 울음을 터뜨렸다.

"내가 모르고 그런 거니까 화내지 마, 엄마."

------ Financial Point

- 어린 아이들은 돈의 크기를 잘 몰라 큰돈을 무의미하게 쓰기도 한다. 아이의 실수를 무작정 야단치지 말고 돈의 크기에 대해 설명해주자.
- 평소 다양한 경험을 통해 바람직한 소비 방법을 가르치는 게 좋다.

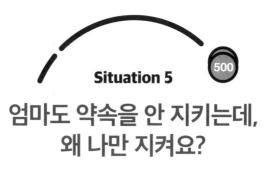

Situation 5

500

# 엄마도 약속을 안 지키는데, 왜 나만 지켜요?

어른들만 마음대로

초등학교에서 아이들에게 용돈교육과 경제교육을 하면서, 부모님이 용돈을 주시는지를 물으면 아이들은 저마다 볼멘소리로 아우성이다.

"용돈을 주신다더니, 막상 달라니까 내가 막 쓴다며 안 주신대요."

"우리 엄만 용돈을 줬다가 안 줬다가, 이랬다저랬다 하세요."

"아빠는 100만 원이 넘는 골프채를 사면서 왜 나보고는 아껴 쓰고 해요?"

부모의 입장을 대변해보지만, 아이들은 부모의 일방적인 용돈관리에 불만이 가득하다. 한 마디로, 엄마 아빠가 돈에 대한 약속을 지키지 않는다는 것이다.

"야, 엄만 어른이잖아. 너랑 나랑 같니?"

"엄마가 바쁘다 보면 그럴 수 있지. 내가 알아서 할 테니까 넌 시키는 대로만 해."

아이들의 불만에 이렇게 답하는 부모들도 있다. 어른들은 마음대로 하면서 아이들에게 바른 생활을 하라는 말이 과연 설득력이 있을까?


## 부모가 흔들리면 아이도 흔들린다

공부 잘하는 아이를 원한다면 어떻게 해야 할까? 부모가 공부하는 모습을 보여주면 된다. 아이가 독서를 좋아하길 원한다면 당장 텔레비전을 끄고 스마트폰을 내려놓고 책을 읽으면 된다. 부모가 실천하지 않으면서 아이에게 강요하면 설득력이 떨어진다.

부모는 아이의 롤모델이다. 세상에 태어나 아이가 가장 먼저 만나는 사람, 가장 가깝게 오랫동안 함께 지내는 사람, 가장 믿을 수 있는 사람이 부모다. 그러한 부모가 보여주는 모범은 아이의 삶을 변화시키는 힘이 있다.

아이가 용돈을 알뜰살뜰 잘 관리하고 철저한 경제관념을 갖기를 바란다면, 먼저 부모부터 돈을 아껴 쓰고 관리하는 모습을 보여야 한다. 그리고 원칙을 함께 세우고 그에 맞게 체계적·지속적으로 용돈교육을 해야 한다.

"내가 좋은 모습을 보여줘도 아이가 잘 따라하지 않던데요?"

부모의 모범을 강조하자 어떤 학부모로부터 들었던 반문이다. 물론 이런 경우도 있다. 그럴 때는 아이에게 동기부여가 부족한 것은 아닌지 살펴봐야 한다. 아이에게는 용돈관리를 하고 싶은 마음이 생기지 않은 것이다. 어른들에겐 돈을 관리할 절실함이 있지만 아이들에게는 절실함이 부족하다. 모자람이 없는 상황에서 기를 쓰고 노력할 이유를 찾지 못하는 것이다.

따라서 아이에게 약간의 인위적인 결핍은 필요하다. 아이가 돈을 달라고 하거나 물건을 사달라고 할 때, 용돈 이외의 돈은 절대 주지 않고 되도록 물건도 사주지 않음으로써 약간의 결핍을 느낄 수 있게 해보자.

"넌 돈 생각 말고 공부나 해."

이처럼 아이를 의존적으로 만드는 말도 없다. 보통의 가정에서는 한정된 소득을 가지고 가족 모두가 생활한다. 검소하고 절약하는 생활이 자연스러운 것이다. 부모가 솔선수범하면 아이는 절약의 중요성을 깨닫고 자발적으로 행동하게 될 것이다.

천 리 길처럼 기나긴 경제교육의 길을 가기 위한 첫걸음은 바로 '부모의 준비'에서 시작된다. 아이가 바른 경제관념을 가지려면, 먼저 부모가 준비돼 있어야 한다.

**Solution** 용돈교육을 위해 부모부터 준비하자

 **약속 지키기**

아이들에게 용돈을 주고 스스로 관리하게 하는 것은 아이와 부모 사이에 약속을 맺는 것이다. 그러므로 부모가 먼저 약속을 잘 지켜야 한다. 반드시 제 날짜에 정해진 금액을 지급해야 한다. 아이에게 용돈교육을 시킨다면서 용돈 주는 날을 곧잘 잊어버리는 부모가 많다. 날짜를 놓칠 뿐 아니라, 주머니에 있는 만큼 대충 꺼내 주어서 액수도 그때그때 다르다.

"아참, 깜빡했네. 내일 줄게."

"잔돈이 없네. 이번 주는 2,000원만 주고, 다음 주에 1,000원 더 줄게. 그럼 되겠지?"

이래서야 아이가 돈 관리를 중요하게 생각할 리 만무하다. 용돈교육을 시작했다면, 아이에게 줄 용돈은 미리 준비해두자. 자주 잊어버린다면, 달력이나 일정 관리 앱 등을 활용해 용돈을 주는 날짜와 시간(예컨대 일요일 저녁, 월요일 아침)을 기록해 두는 것도 좋다.

## ✅ 빌린 돈은 반드시 갚기

"엄마가 지금 잔돈이 없는데 잠깐 빌려줄래?"

아이와 함께 간 마트에서 1,000원이 부족해서 아이에게 빌렸다. 집으로 돌아오자마자 아이는 엄마에게 손을 내밀었다.

"엄마, 1,000원 갚으셔야죠."

이럴 때 당신이라면 어떻게 할 것인가? 아이의 말은 당연하다(물론 돈을 갚으라고 할 때의 타이밍과 어감의 문제는 따로 가르쳐야겠지만). 빌려준 돈은 받는 것이 정당하니까 말이다. 그런데 많은 부모들이 아이에게 빌린 돈을 잔돈푼으로 여겨 대수롭지 않게 취급한다. 어차피 내가 준 돈인데 그걸 받으려 한다고 오히려 아이에게 핀잔을 주기도 한다.

용돈교육을 하겠다고 결심했다면, 부모 자신의 경제관념부터 살펴보자. 돈을 아끼고, 웬만하면 빌리지 않고, 혹시라도 빌리게 되면 제때에 갚는지 돌아볼 일이다. 자기 아이에게라도 빌린 돈은 반드시 갚고, 빌려준 돈도 반드시 받아야 한다. 그것이 경제교육의 기본이다.

## ✅ 우리 집 경제 주머니 함께 보기

아이들은 부모의 지갑 속에 들어 있는 돈을 보며, 엄마나 아빠는 늘 돈이 많다고 생각한다. 부모가 한정된 돈으로 생활을 하기 위해 애쓰고 있다는 것을 잘 모른다. 자신들이 사용하는 휴대폰 요금이 얼마인지 모르는 경우도 많다.

아이에게 경제교육을 시키겠다고 결심했다면, 우리 가족이 생활하는 데 필요한 비용을 알려주는 것이 좋다. 생활비, 관리비, 전기요금, 통신비, 세금 등 항목을 설명하면서 매달 지출해야 하는 돈의 규모를 알려주고, 많든 적든 열심히 일해서 벌어들인 소득으로 살아가고 있음을 알려주는 것이다.

이를 통해 아이는 사람이 살아가는 데 필요한 부분이 무엇인지 알 수 있고, 돈을 버는 일이 중요하다는 사실을 자연스럽게 배울 수 있다. 또한 열심히 돈을 버는 부모님의 노고에 대해 고마운 마음을 가질 수 있다.

##  가계부 적는 모습 보여주기

대부분의 부모들은 가계부를 꼬박꼬박 쓰는 것이 얼마나 힘든지 잘 알고 있다. 작심하고 쓰기 시작해도 지출을 줄이기 힘들어 중도포기하기 일쑤다. 하지만 수입과 지출의 흐름을 한눈에 볼 수 있는 가계부는 슬기로운 경제생활의 기본이다. 다만 효과적으로 활용하지 못해서 포기하는 것이다.

아이들 역시 어른들처럼 용돈기입장을 작성하는 데 어려움을 겪는다. 이럴 때 부모가 아이 앞에서 가계부를 활용하는 모습을 보여주면 아이가 용돈기입장의 의미를 깨닫는 데 도움이 된다.

아이가 보는 앞에서 가계부를 펼쳐놓고(책자 형태든 컴퓨터 파일 형태든 자신에게 맞는 걸 쓰면 된다) 영수증을 보면서 계산기를 두드려보자.

"아, 이건 쓸데없이 돈을 썼네."

"알뜰하게 잘 샀네."

이렇게 가계부를 통해 소비 패턴을 확인하고 반성하는 모습을 보여주는 것이다. 아이는 이런 부모의 모습을 보면서 자신도 용돈 쓴 것을 살펴봐야겠다는 생각을 하게 될 것이다.

나의 경우 3단 영수증 꽂이를 식탁 벽에 설치하고 1단에 1~10일까지, 2단에 11~20일까지, 3단에 21~30일까지의 영수증을 모아둔다. 그리고 누구나 볼 수 있는 식탁 위에 탁상 달력을 놓고 매일의 지출을 간단히 기록한다. 이렇게 하면 가족 모두 한눈에 지출 흐름을 파악할 수 있어 좋다.

--- Financial Point

**용돈교육의 목표**

● 돈의 소중함과 가치를 알게 하고, 합리적인 소비 방법을 가르친다.

● 돈을 모으는 다양한 방법을 알려준다.

● 용돈 사용을 통해 다양한 상황을 스스로 판단하는 경험을 하면서 바람직한 돈 관리 방법을 배운다.

● 가족 구성원으로서의 역할과 노동의 가치, 수고, 감사를 배운다.

● 경제적으로 생각하는 방법과 세상을 보는 균형감각을 갖춘다.

● 아이도 경제주체임을 인정하고, 돈에 관한 생각을 나누고 의견을 조율함으로써 좋은 부모 자녀 관계를 형성한다.

# 내 돈을 왜
# 엄마 마음대로 써버려요?

## 엄마를 믿지 못하는 아이

초등학교에 경제교육을 갔을 때 일이다. 나는 아이들의 용돈관리 방법에 대해 알아보고, 아이들이 생각하는 저축 방법에 대해서도 돌아가면서 이야기 하도록 했다.

"용돈을 관리하는 데 가장 안전하지 않은 방법은 뭘까요?"

"부모님께 맡기는 거요."

한 아이가 손을 번쩍 들며 말하자, 다른 아이들이 "맞아" 하며 맞장구를 친다.

"친척들이 용돈을 주시면 엄마가 관리한다며 가져가버려요. 그러면 다시는 만져볼 수가 없어요."

"그렇구나. 하지만 너희를 위해 필요한 데 쓰려고 가져가시는 거야."

내 말이 끝나기 무섭게 한 아이가 벌떡 일어났다.

"제 돈으로 엄마 가방 샀는데, 그게 왜 저를 위하는 거예요?"

"저희 가족이 해외여행 갈 때 내 세뱃돈을 모두 사용했다고요."

부모와 어린 자녀 간 흔한 다툼의 소재가 되는 것이 주로 친인척들로부터 받는 용돈이다. 보통 때의 용돈보다 금액이 커서 대부분의 엄마들이 관리해 주겠다며 가져간다. 아이들 입장에서는 아쉽고 약간 불안하지만, 언젠가 되돌려줄 거라는 기대감 속에 부모에게 맡긴다. 그런데 부모가 그 돈을 써버리면 아이들 입장에서는 배신감이 클 수밖에 없다.

## 아이의 돈은 부모의 것이 아니다
--------------------------------

아이들은 성장하면서 자의식이 강해지고 뭐든지 스스로 하려고 한다. 용돈도 내 마음대로 쓰고 싶고, 통장 관리도 스스로 하고 싶어

한다. 엄마 아빠가 준 돈도 아닌데 왜 엄마 아빠 마음대로 하려는지 도무지 이해할 수 없다.

부모라 하더라도 동의 없이 아이의 돈을 사용하는 것은 옳지 않다. 아이에게 바람직한 경제관념을 심어주고 싶다면 더더욱 그래서는 안 된다. 원칙 없이 부모의 편의에 따라 하는 돈 관리로는 아이에게 바른 경제관을 심어줄 수 없다.

아이가 통장 관리를 하고 싶어 하면 부모와 상의해서 시작할 수 있도록 하자. 자립심을 키울 수 있는 좋은 기회를 무시하고 부모가 권위를 앞세워 독단적으로 행동한다면 아이는 아무것도 배울 수 없다. 더욱이 아이가 반발심을 품고 억지로 참는다면, 나중에 그 마음을 삐뚤어진 행동으로 표출하게 된다. 부모의 독선이 아이의 문제 행동을 유발하는 것이다. 차분히 대화하고 효과적인 돈 관리 방법을 함께 생각하고 실천하자.

**Solution** 엄마도 아이에게 솔직하자
--------------------------

이런 용돈에 관해 아이들에게 꼭 알려줘야 할 사실이 있다. 아이들이 친척 어른들로부터 용돈을 받을 수 있는 것은, 부모님 덕분이

라는 것이다. 물론 부모가 평소에 양가 조부모님께 드리는 용돈, 친인척분들에게 하는 선물이나 식사 대접, 경조사 비용 등이 다시 돌아오는 것이다. 아이는 돈을 주신 어른들께 감사해야 하지만, 이런 큰돈을 받을 수 있는 것은 부모 덕분이라는 사실을 알아야 한다.

통장의 주인은 아이가 되어야 하지만, 어떻게 관리할 것인지는 상의해야 한다. 아이가 부모 덕분에 용돈을 받았다는 사실을 이해하면, 자기 마음대로 하겠다는 입장에서 한 발 물러설 것이다.

"저희는 집 살 때 아이 통장까지 싹 털었어요. 우리 애는 그 사실 아직 모르는데."

"저는 아이 방의 침대하고 책상을 샀어요."

"아이 치아교정할 때 돈을 다 썼어요."

엄마들에게서 흔히 듣는 이야기다. 모두 더 좋은 소비를 위한 행동이지만 목적이 좋아도 사전에 터놓고 상의하지 않은 부분은 아쉽다. 용돈통장의 돈은 반드시 아이를 위해서, 또는 동의 아래 사용하고, 사용 전에 충분히 설명해줘야 한다. 출금 후에는 내역을 꼭 적어놓는다.

그런데 여기서 집을 구입하는 데 쓴 경우는 좀 다르다. 우리나라에서 많은 가정이 집 장만을 할 때 아이의 통장을 포함해 가족들의 모든 돈을 모으게 된다. 그만큼 중요하고 많은 돈이 필요한 일이기 때문이다. 집 장만이 아무리 중요해도 아이 입장에서는 자신의 돈을 빼앗긴 기분이 든다. 이럴 때는 사용하기 전에 미리 자세한 설명을 하자. 자녀에게 가정의 경제 상황을 있는 대로 설명하고, 아이의 돈이 필요한 형편에 대해 양해를 구하자.

친구 한 명은 이런 문제가 생겼을 때 슬기롭게 대처해서 아이의 원망을 듣지 않고 필요한 돈도 쓸 수 있었다. 친구는 결혼 후 15년 만에 숙원인 집 장만을 앞두고, 집값, 현재 자산, 대출금 등 아이에게 집을 사기 위한 상황을 모두 털어놓았다.

"집을 사는 데 네 통장의 돈을 쓸 수 있게 해줄래? 그러면 엄마가 매달 5만 원씩 적금을 부어서 갚을게. 그 돈은 앞으로 네 일에 사용하도록 하자."

아이의 동의를 얻은 친구는 적금통장을 만들어 약속대로 저축했고, 아이에게 매달 확인시켜줬다.

---- **Financial Point**

- 아이가 자신의 돈을 관리하고 싶어 하면 흔쾌히 동의해주자.
- 용돈을 관리하는 주체는 아이여야 하며, 돈을 사용하는 원칙은 반드시 부모와 아이가 상의해 결정한다.

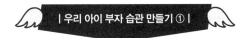
# 용돈의 액수와 사용범위를 정해주세요

용돈교육은 돈을 가치 있게 사용하도록 가르치는 것이다. 무조건 돈을 못 쓰게 해도 안 되고, 저축만 강조해도 안 된다. 사람은 여러 가지 목적과 필요에 의해 돈을 사용한다. 돈을 사용할 수 있는 다양한 범위를 알려주고 아이가 자신의 자원을 효과적으로 사용할 수 있도록 가르쳐야 한다.

그래서 용돈의 범위를 '저축', '소비', '나눔', 세 부분으로 정할 것을 추천한다. 나의 경우, 세 개의 봉투를 마련해 매주 6,000원을 주고 각각의 봉투에 2,000원씩 넣게 했다. 저축봉투에 모인 돈은 한 달에 한 번 통장에 입금하고, 소비봉투에 있는 돈만 쓰도록 했다. 나눔 봉투의 돈은 잘 모았다가 학교나 단체에 기부금으로 내도록 했다. 종교 활동을 하는 경우라면 나눔 봉투의 돈으로 헌금하게 하면 된다.

- **저축 봉투 :** 4주 또는 5주에 8,000원이나 10,000원의 돈이 모이면 은행에 한꺼번에 저축한다.

- **나눔 봉투 :** 사회복지단체에 기부하거나 교회 헌금으로 사용할 돈을 보관했다가 기간을 정해 정기적으로 기부하게 하면 좋다.

- **소비 봉투 :** 아이가 스스로 쓰는 돈. 소비의 항목은 간식비와 학용품비, 친구 생일선물을 사는 용도. 소비 봉투에 있는 돈을 다 쓰더라도 저축이나 나눔 봉투에서 꺼내지 않는 게 중요하다.

수입이 생기면 먼저 저축부터 한다. 그래야 돈을 모을 수 있다. 저학년 때부터 저축하는 습관을 들여야 나중에도 저축할 수 있다. 아이가 저축을 당연하고 자연스러운 것으로 느낄 수 있도록 가르치자.

용돈의 사용 범위에 대해서 부모와 아이가 서로 합의해야 한다. 나는 큰아이의 용돈교육을 잘 했다고 생각했었다. 하지만 착각이었다. 사사건건 참견하며 불필요한 지출은 아예 차단해버리고 저축을 강요했다. 그래서 둘째아이에게는 자율성을 존중하는 방향으로 바꾸었다.

아이에게 용돈관리를 맡겼다면, 종종 부모의 기대에 어긋나게 행동해도 일단은 거리를 두고 지켜봐야 한다.

초등학교 1~3학년까지는 비교적 부모의 지도에 잘 따르는 편이다. 하지만 4학년이 되면서 자신의 생각이 커지며 어른 흉내를 내고 싶어 한다. 그래서 용돈과 관련해 마찰도 잦아진다. 이때는 아이와 상의해서 용돈을 조정하고 저축, 소비, 나눔 금액을 스스로 정하게 하는 것이 좋다.

나의 경우 3개의 봉투사용법은 3학년 때까지 사용했다. 4학년 때 4천 원, 5학년 때 5천 원, 6학년 때 6천 원으로 매주 용돈을 주고 용돈 쪼개기의 액수는 자율적으로 정하도록 했다. 대개 나눔이나 저축 쪽의 돈이 줄어들고 소비 쪽의 액수가 늘게 된다. 용돈의 액수는 여러 상황을 고려해 조정해도 된다.

중학생이 되면 교통비, 간식비 등이 증가하고, 여학생들의 경우 10만 원이 넘는 아이돌 콘서트도 가고 싶어 하고 화장품이나 옷, CD 구매 등으로 지출단위가 커진다. 남학생들은 PC방을 가거나 왕성한 식욕으로 인한 지출이 증가한다. 이처럼 여러 변수들이 작용하므로, 아이와 충분히 용돈 액수를 합의하는 게 좋다. 절대 바꿀 수 없다고 고집할 필요는 없지만, 한 번 결정하면 적어도 6개월~1년 정도는 지속하도록 한다. 그렇게 하다가 문제가 생기면 잘 상의해 부모와 자녀가 합의할 수 있는 선으로 조정한다.

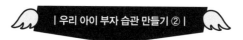

# 용돈교육은
# 이렇게 준비하세요

### 첫 번째, 2개의 통장 만들기

용돈교육을 위한 아이들의 통장은 두 종류면 적당하다.

- ♥**용돈통장** : 일상의 용돈과 친인척 어르신들이 주신 용돈, 저금통으로 모은 돈을 저축하는 통장
- ♥**소원통장** : 아이가 사고 싶은 물건의 가격이 비교적 고가일 때, 이를 위해 돈을 모으는 통장

두 통장 모두 일반 자유저축이 좋다. 아이들이 저축하는 액수가 일정하지 않으므로 적금통장으로 관리하기는 어렵다. 나는 아이가 태어나고 얼마 후 아이 이름으로 통장을 만들고, 여기에 할머니, 할아버지 등 친척 어르신께서 주시는 세뱃돈이나 용돈을 저축했다. 아

이들이 자라면서 용돈과 저금통의 돈도 함께 모았다.

내 경험상 이 정도면 용돈교육에 적당하다. 통장을 여러 개 만들면 관리하기도 쉽지 않고, 돈을 쪼개놓은 셈이라 돈이 모이는 게 잘 보이지 않아서 아이의 저축 의욕이 저하된다.

용돈통장에 돈을 입금할 때마다 출처를 기록한다. 저금통의 돈을 입금했다면 액수 옆에 '저금통'이라고 적고, 이모가 용돈을 주셨다면 '이모 용돈'이라고 적으면 된다.

용돈통장에서 아이에게 꼭 필요한 지출을 해야 할 때는 반드시 상의해서 출금한다. 입금과 마찬가지로 출금내역도 액수 옆에 적도록 한다.

## 두 번째, 용돈노트 작성법 가르치기

용돈교육에서 필수적으로 해야 하는 것이 용돈기입장이다. 시중에서 판매하는 용돈기입장을 사용해도 되고 직접 만들어도 좋다. 나는 아이가 보다 편리하게 작성하도록 용돈노트를 별도로 만들었다(부록 참조).

덧셈, 뺄셈이 가능한 나이라면 일일이 엄마가 간섭하지 않고 아이 혼자 작성하게 둬도 괜찮다. 실수로 틀리게 쓴다고 해서 큰일이 나는 것도 아니다. 오히려 실수를 하면서 하나씩 배워나갈 수 있다.

### 세 번째, 용돈관리와 친해지기

아이에게 건강한 경제관념을 키우기 위한 또 하나의 방법으로 '노래가사 바꿔 부르기'가 있다.

나는 아이들이 좋아하는 동요나 사람들에게 인기를 끌었던 광고 CM송을 개사해서 함께 불렀다. 익숙한 멜로디이기 때문에 아이들은 거부감 없이 즐겁고 편안하게 따라했다. 아이와 함께 돌림 노래를 부르며 용돈관리를 즐거운 놀이로 받아들일 수 있도록 노력했다.

〈기분 좋은 용돈교육을 위한 노래가사 바꿔 부르기〉

**열 꼬마 인디언**

한 꼬마 두 꼬마 세 꼬마 인디언
네 꼬마 다섯 꼬마 여섯 꼬마 인디언
일곱 꼬마 여덟 꼬마 아홉 꼬마 인디언 열 꼬마 인디언 보이!
⇩
용돈을 받으면 무엇을 할까요?
저축하고 소비하고 용돈을 관리해.
엄마와 함께 은행에 가서 통장도 만들어요.

· 제 2장 ·

# 현명한 경제습관을
# 만드는
# 10가지 방법

용돈교육은 단순히 "아껴 써라" 또는 "저축해라"와 같은 원론적인 훈계를 하는 것이 아니다. 지출과 저축을 적절하게 체험하면서 돈의 가치와 바른 감각을 익히는 경제교육이다.

여기서는 아이들이 받고 있는 다양한 용돈의 종류부터 짚어보고 이를 관리하기 위한 원칙들을 소개한다. 또한 아이의 욕구를 존중하면서 돈을 절약할 수 있는 방법을 10가지로 정리했다.

아이들의 소비 환경은 부모가 생각하는 것과 다를 때가 많다. 아이들이 돈을 쓰는 것은 '사고 싶다'거나 '갖고 싶다'는 욕구 때문이기도 하지만, 친구와의 관계에 영향을 받는 측면도 적지 않다. 따라서 아이들의 환경에 맞는 적절한 팁들과 저축습관을 길러주는 돼지저금통에 동전 모으기와 같은 전통적인 방법, 용돈관리를 잘하던 아이들이 지칠 때 사용할 수 있는 특약처방도 알아보자.

경제교육을 제대로 하려면, 부모 자신의 생활태도부터 고쳐야 할 지 모른다. 간편하다는 이유로 아이에게 돈으로 환산되는 물질적인 보상을 쉽게 제시하지 않는지 돌아보자. 맞벌이 부부라서 많은 시간을 아이와 함께 보내지 못하는 미안함 때문에, 성적 향상을 독려한다는 이유로 너무나 쉽게 물질적 보상을 제시하지는 않는가? 아이가 돈의 달콤함에만 길들여지게 만들고 있지는 않은가? 소중한 내 아이를 진정으로 위한

다면 현명한 경제습관을 갖도록 부모 자신부터 성찰하고 모범이 되어야

할 것이다. 아이를 경제적으로 똑똑하게 잘 키우고 싶다면 부모의 습관

과 마음가짐부터 변화해야 한다.

**Habit 1**

# '여섯 개의 용돈 주머니'를 관리하라

## 할머니가 준 건데 왜 엄마가 가져가요?

명절연휴가 지나고 얼마 후 평소 친분이 있는 이웃을 만났다. 초등학교 4학년, 1학년 남매를 키우는 그녀는 친정과 시댁 모두 대가족이라 명절 때마다 바쁘다. "명절 잘 보냈어요?"라는 인사에 "말도 마세요"라며 손사래를 친다.

"애들하고 대판 싸웠어요."

이유를 묻자 '세뱃돈' 때문이라는 것이다. 가족이 많으니 명절 때만 되면 몇 십만 원이나 되는 용돈이 아이에게 생기고 그 돈을 늘 엄마가 관리했는데, 이번에는 큰아이가 내놓지 않더라는 것이다.

"어릴 때는 안 그러더니 이제 머리 좀 컸다고 자기 마음대로 관리하겠대요."

"그렇군요. 그래서 어떻게 하셨어요?"

"어떻게 하긴요? 강제로 뺏었죠. 울고불고 난리였어요."

누나가 엄마에게 반항하니 여덟 살짜리 동생도 따라서 안 내놓으려 하다가 함께 빼앗겼다고 했다. 기분 좋게 시작한 명절이 부모와 자식 간에 돈을 빼앗고 빼앗기는 전쟁으로 마무리되고 말았으니 참으로 안타까웠다.

"지금이야 내가 애들을 이길 수 있지만, 더 크면 걱정이네요."

그녀는 한숨을 내쉬었다. 나도 이미 겪었던 일이었다.

우리나라 아이들은 명절이 다가오면 목을 빼고 기다린다. 할아버지, 할머니를 만나기 위해서일까? 그렇다면 좋겠지만 아이들이 기대하는 건 '용돈'이다.

요즘 우리 아이들에게는 신기한 요술주머니가 있다. 평소 부모님에게 받는 용돈보다 훨씬 더 많은 돈이 퐁퐁 샘솟는 돈주머니, 바로 '식스 포켓, 에잇 포켓'이다. 이 요술주머니의 출처는 바로 할머니, 할아버지, 이모, 고모 등 친인척 어른들이다.

'식스포켓'은 요즘처럼 한 집에 아이는 기껏해야 한두 명인데 이

몇 아이들을 위해 부모, 친조부모, 외조부모 등 여섯 명의 어른이 지갑을 연다는 뜻이다. 여기에 더해 결혼이 늦은 이모나 고모, 삼촌까지 더해지면 총 여덟 명이 아이를 위해 지갑을 여는 '에잇포켓'이 되는 것이다.

## Action 식스 포켓, 아이와 부모가 합의해 규칙을 세우자

매주 빠듯한 용돈을 주면서 아껴 쓰고 저축하게 만들었던 용돈교육의 효과는 명절이나 집안 행사 때가 되면 일시에 사라진다. 친인척들을 만나면 한꺼번에 많은 용돈을 받기 때문이다.

한 주에 2,000원이나 3,000원을 쪼개어 저축도 하고 자신이 필요한 것(필요)과 원하는 것(욕구)을 구분하는 훈련을 해오다가 갑자기 2만 원, 3만 원의 용돈이 생긴다면 어떻게 알뜰함을 유지할 수 있을까?

부모가 무작정 아이의 돈을 뺏을 수 없어 이러지도 저러지도 못하는 사이에, 돈은 너무 쉽게 사라진다. 결국 친인척들의 따뜻한 애정의 표현이 아이의 경제교육을 방해하는 장애물이 되고 만다. 그래서 사전에 식스 포켓, 에잇 포켓에 대한 대비를 하는 게 필요하다.

가장 좋은 방법은 조부모나 이모, 고모, 삼촌 등 친척들에게 직접 용돈을 주지 말라고 당부하는 것이다. 혹시 주게 되더라도 아이가 보는 앞에서 부모에게 돈을 주면서 나중에 아이를 위해서 쓰라고 말해달라 부탁하는 방법도 있다.

그러나 알다시피 사람들이 모두 내 뜻대로 움직여주지는 않는다. 특히 할머니나 할아버지는 더욱 그렇다.

"할머니, 할아버지가 귀여워서 주는 건데 왜 그러냐. 용돈이라도 줘야지. 뭐 해줄 게 있다고."

어른들도 나름의 뜻이 있으시기 때문에 무조건 부모의 생각대로 주장할 수는 없다. 따라서 미리미리 아이와 함께 상의해서 친인척이 주는 용돈에 대한 규칙을 정하는 것이 좋다.

〈친인척이 주는 용돈을 위한 규칙〉

(부모와 아이가 상의해서 결정)

초등 3학년까지는 80% 이상 저축하기

고학년이 되면 적어도 50%는 저축하기

나는 정기적인 용돈 이외의 뜻밖의 수입이 생겼을 경우 일부는 반드시 저축하고, 나머지는 아이의 재량에 맡기는 것으로 아이들과 합의했다. 전액을 저축하면 좋겠지만, 아이들에게도 약간의 여유와 기쁨이 필요하다고 생각했기 때문이다.

평소에 용돈통장을 누가 가지고 있는가도 미리 합의해 두는 게 좋다. 태어난 직후부터 여러 경로를 통해 모인 돈이 들어 있으므로 다른 통장에 비해서 제법 많은 돈이 들어 있다. 내 경우는 아이들이 초등학교 고학년이 되었을 때 넘겨줬다. 사실 아이가 통장을 가지고 있어도 혼자서는 인출할 수 없으므로 큰 문제는 없다.

큰돈이 생기면 아이들은 평소에 살 수 없었던 비싼 장난감을 사려고 한다. 하지만 쉽게 싫증을 느끼는 아이들의 성향을 감안해서 무조건 사지 말고, 장난감 대여 서비스를 활용하는 것도 방법이다. 요즘은 장난감 대여 업체도 많고, 도서관이나 육아종합지원센터에서도 대여하기도 하므로, 사는 지역에 어떤 서비스가 있는지 찾아보자.

**Financial Point**

- 뜻밖의 수입에 대해서는 일부는 지출할 수 있도록 하고, 나머지는 저축한다.
- 아이가 돈에 너무 무감각해서도 안 되지만, 지나치게 민감한 것도 좋지 않다. 지출과 저축을 적절히 체험하여 돈에 대한 바른 감각을 익히게 하자.

# Habit 2
# 함부로
# 빚지지 않는다

## 돈은 없지만 떡볶이는 먹고 싶어요

둘째 딸과 외출했다가 돌아오는 길에 분식집 앞을 지나가게 되었다. 어묵 국물 냄새가 코끝을 스치니 없던 식욕도 생겨났다.

"우리 떡볶이랑 어묵 먹고 갈까?"

아이는 기다렸다는 듯이 신나서 내 손을 이끌고 떡볶이 집으로 향했다. 음식을 시켜서 먹고 있는데, 가게에 5학년쯤 되어 보이는 남자아이가 들어 왔다.

"떡볶이 1인분 주세요."

주인 아주머니는 아이의 얼굴을 보더니 계산대에 가서 장부를 꺼내 들었다.

"얘, 너는 외상이 6,500원이나 있어. 갚지도 않고 또 무슨 외상이니?"

"엄마가 외상값 안 갚았어요? 갚은 줄 알았는데…."

"무슨 소리야. 너희 엄마 다녀가신 지가 언젠데. 지난달에 오고 안 오셨어."

아이는 아무렇지도 않게 통화를 하며 가게를 나섰다.

"엄마! 떡볶이 집 외상값 안 갚았어?"

아주머니는 떡볶이 주걱으로 냄비 안의 양념을 벅벅 휘저으면서 볼멘소리를 했다.

"돈이 없어서 그러면 말을 안 해. 이래서 외상을 안 주고 싶다니까."

우연찮게 이 상황을 지켜보면서 여러 가지 생각이 들었다. 저 아이는 어쩌다 외상에 익숙해졌으며, 또 아이의 엄마는 왜 저런 일에 무감각해졌을까? 참으로 안타까웠다.

집으로 돌아오는 길에, 분식집에서의 상황을 딸아이가 어떻게 느꼈을지 궁금해 물어봤다.

"외상으로 떡볶이 사 먹는 거 어떻게 생각해?"

"나도 그러고 싶어."

생각지도 못했던 대답이라 깜짝 놀랐다.

"외상으로 사 먹는 건 아닌 거 같아."

"외상값을 안 갚아서 못 먹으니 창피할 것 같아."

이런 대답을 예상했는데 의외였다.

"왜 외상으로 먹고 싶은데?"

"돈이 없어도 떡볶이가 먹고 싶을 때가 많잖아. 그럴 때 그냥 먹을 수 있으면 좋을 것 같아."

듣고 보니 당연한 말이었다. 이 기회에 외상이나 빚에 대한 개념을 아이에게 가르쳐야겠다는 생각이 들었다.

## Action 누구에게든 빌리면 반드시 갚아야 한다

잘 활용하면 도움이 되지만, 잘못 활용하면 해가 되는 돈의 양면성을 잘 보여주는 사례가 바로 '빚'이다. 돈을 소비하는 달콤함만 알고 그에 대한 책임을 모른다면 돈 때문에 불행해지는 삶을 살게 될 것이다.

아이들 사이에도 서로 돈을 빌려주고 빌리는 상황이 발생할 수 있다. 어쩔 수 없는 상황은 늘 생기기 마련이다. 빌려준 사실이나 빌린 사실을 잊어버리는 아이가 있는가 하면, 반대로 계산이 정확해서 꼭 돌려주거나 받아내는 아이도 있다. 친한 친구 사이라고 해도 돈 계산이 흐려서는 안 되며, 친한 사이일수록 빌린 돈은 반드시 갚도록 해야 한다.

둘째 딸로부터 이런 이야기를 들은 적이 있다. 친구에게 돈을 빌려줬는데 받지 못해서 속상하다는 것이다. 고심 끝에 이렇게 설명했다.

"많거나 적거나 빌린 돈은 갚아야 하는 거야. 액수가 크지 않고 그돈이 급하게 필요한 게 아니라면, 일주일 정도 더 기다려 보자. 그런 다음에도 소식이 없으면 그때는 친구에게 이야기하면 어떨까?"

딸은 걱정했다.

"말했다가 사이가 나빠지면 어떻게 해."

결국 딸은 친구에게 돈을 갚으라는 말을 하지 못했다. 그후에도 그 친구는 딸에게 한 번 더 돈을 빌렸고 갚지도 않았다. 두 차례 모두 얼마 안 되는 돈이었지만, 전전긍긍하던 딸은 친구가 세 번째로 돈을 빌려 달라고 말했을 때 안 된다고 거절했다고 한다.

친한 사이에서의 돈거래는 신중을 기하는 것이 좋다. 마음을 상하게 하는 경우가 많기 때문에 웬만하면 하지 않는 게 좋다. 만약 빌려준 돈을 안 갚는 친구가 있다면, 돈을 갚았으면 좋겠다고 말해야 한다. 그 친구가 돈을 빌린 사실을 깜빡 잊어버린 경우라면 이런 말을 들었을 때 미안해하며 빨리 갚을 테지만, 고의로 갚지 않는 것이라면 갚는 날짜를 미룰 것이다. 둘 중 어느 쪽인지 알려면 돈을 갚으라는 말을 해야 한다. 후자 쪽이라면 그 친구와는 다시는 돈거래를 하지 말아야 한다.

혹시 아이가 친구에게 돈을 빌리고 푼돈이라며 가볍게 여기고 안 갚았다면, 양치기 소년의 이야기를 들려주자. 마을 사람들에게 늑대가 나타났다고 번번이 거짓말하던 소년은 어느 날 정말 늑대를 만났지만 아무도 도와주러 오지 않았다. 돈을 빌리는 것도 이와 같다. 돈을 빌려주는 사람은 나를 위기에서 구해주는 것이다. 그리고 나에게 도움을 준 것이다. 그런데 그런 호의를 무시하고 돈을 갚지 않는다면, 진짜 내가 위험해졌을 때 아무도 도와주지 않을 것이다.

돈의 영향력은 막강해서 부모, 자녀, 친구 간의 관계도 망가뜨릴 수 있다. 그래서 돈을 빌려주거나 빌릴 때는 반드시 규칙을 정하는 것이 좋다.

〈돈 거래의 규칙〉

1. 빌린 물건이나 돈은 반드시 기록하고 기억했다가 꼭 갚는다.

2. 위급한 상황이 아니면 빌리지도 빌려주지도 않는다.

3. 돈을 갚을 때는 반드시 고마움을 말로 표현하고, 고마운 마음을 담아 작은 선물(사탕이나 초콜릿)을 준비해서 돈과 함께 전해준다.

---

Financial Point

- 아이가 친구에게 돈을 빌려주고 돌려받지 못했다면, 친구에게 돈을 갚으라고 말할 것을 권한다. 만일 차마 말을 못하고 고민한다면, 깨끗이 잊고 다음부터 절대 친구와 돈거래를 하지 않도록 한다.

## Habit 3

# 남에게 베푼 만큼
# 나에게 돌아온다

### 내 돈은 너무 아깝단 말이야

많은 부모들이 아이들에게 습관처럼 하는 말이 있다.

"너희 키우려고 돈 버는 거야."

"너희들 때문에 아끼고 절약하는 거야."

틀린 말은 아니다. 하지만 조심해야 한다. 아이들이 '부모 돈은 다 내 돈'이라고 생각할 수 있기 때문이다. 대부분의 부모들이 아이를 키우기 위해 열심히 돈을 벌지만, 그렇다고 해서 부모의 소유가 모두 아이의 것은 아니다. 혹시 부모 자신의 재산이 많더라도 아이 스스로 돈을 벌고 모아야 한다. 이 사실을 꼭 인식시켜주자. 아이가 커 갈수록 부모에게 의지하는 부분을 줄이고, 자립심을 기를 수 있는 좋은 토대가 될 것이다.

어려서부터 용돈교육을 착실히 받은 아이는 돈을 허투루 사용하지 않고 열심히 모은다. 그러면서 모으기는 어려워도 쓰는 건 순식간이라는 사실도 경험한다. 그런데 이 과정에서 의도치 않은 '부작용'이 생길 수 있다. 돈을 지나치게 아끼는 부작용 말이다. 돈의 가치를 알게 되면서 자기 돈은 될 수 있으면 쓰지 않고, 다른 사람이 대신 돈을 써주길 바라는 마음이 생기는 것이다. 당연히 용돈으로 사야 하는 것도 엄마에게 사달라고 한다.

모범적으로 용돈교육을 잘하는 친구에게 있었던 일이다. 아이와 함께 잠깐 집 밖으로 나왔는데, 아이가 동네 슈퍼에서 파는 군것질거리를 보고 군침을 삼켰다. 친구는 아이에게 용돈을 주기 시작하면서부터는 간단한 간식은 용돈으로 사 먹게 했다.

"엄마, 나 저거 먹고 싶어."

"그래? 그럼 사 먹어. 가게로 갈까?"

"엄마가 사줄 거야?"

"지갑을 안 갖고 왔는데."

"그럼 내가 돈을 빌려줄 테니까 저거 사줘. 대신에 집에 가서 꼭

줘야 돼."

아이는 자신이 먹고 싶은 것을 자기 용돈으로 사 먹으면서 엄마에게 그 돈을 갚으라고 한 것이다. 친구도 순간 당황했지만, 아이를 잘 타일렀다고 한다.

"네가 가진 용돈으로 사 먹으면 돼. 용돈은 그럴 때 쓰는 거야."

알뜰한 건 좋다. 하지만 내 돈은 아까우니 다른 사람의 돈을 쓰겠다는 자세는 옳지 못하다. 돈은 내 것이나 남의 것이나 모두 소중하게 생각하는 마음을 심어주자.

**Action** '기브 앤 테이크'를 가르치자

---------------------------------

큰딸이 초등학교 6학년 때의 일이다. 늘 학교와 집 근처만 오가던 딸은 어느 날 동네 번화가로 '진출'했다. 집에서 약 20분 정도 떨어진 곳인데, 초등학교 5학년인 친한 동생과 함께 여기저기 구경하다 돌아왔다.

아이는 용돈을 들고 나갔지만 한 푼도 쓰지 않고 고스란히 가져왔다. 딸이 돈을 쓰지 않자 함께 간 동생이 자기 돈으로 길거리 음식을 사줬다고 했다. 마음이 많이 씁쓸하고 아이에게 미안했다. 내가 너무 절약만 강요했다는 생각이 들었다.

"누군가 너에게 뭔가를 사줬다면, 너도 꼭 사주도록 해. 먼저 사줄 때도 있어야겠지. 너무 받기만 하는 건 좋지 않아."

내 말에 딸아이는 반색을 했다.

"진짜? 정말 돈 써도 되는 거지? 앞으로는 그렇게 할게."

사람은 일생 동안 인간관계를 맺으며 살아간다. 사람과 사람과의 관계는 기본적으로 '기브 앤 테이크(주고받기)'가 되어야 한다. 어느 한쪽이 일방적으로 주거나 받는 관계는 오래가지 못한다. 정신적·물질적으로 주고받는 관계가 건강하다. 돈 역시 절약하는 것뿐 아니라 적절하게 사용하는 방법도 배워야 한다. 무조건 안 쓰고 안 먹는 것이 좋은 방법은 아니다.

이런 일도 있었다. 학교에 다녀 온 작은딸이 평소와 달리 "배고파"라는 말을 하지 않았다. 점심 먹은 지 몇 시간 지나서 배고플 텐데 의아했다.

"오늘은 어째서 우리 공주님이 배고프다는 소리를 하지 않을까?"

"오늘은 친구가 돈을 줘서 컵 떡볶이를 사 먹었거든."

"친구가 돈을 줬다고?"

돈을 준 아이는 딸의 단짝친구였다. 아이들 사이에서 과자나 사탕, 장난감이 아닌 돈을 주고받는 일이 종종 있다. 몇백 원에서

1,000원 정도의 돈을 주는 것이다.

왜 이런 행동을 할까? 아이들은 또래 사이에서 좋은 사람, 인기 있는 사람이 되고 싶어 한다. 영화나 만화 속 주인공처럼 주변 사람들에게 무엇인가 베푸는 사람이 되고 싶다는 욕망도 있다. 친구들의 마음을 얻기 위해서나 멋진 사람이 되고 싶은 마음으로 무엇인가를 주면 친구들이 좋아할 것이고, 그것이 돈이라면 더욱 좋아할 것이라고 생각한다.

하지만 아이들이 돈을 그냥 주거나 받는 것은 사실 부모의 입장에서 당황스러운 일이다. 이럴 때는 아이가 모르고 한 행동이니 나무라거나 흥분하지 말고 차분하게 돈의 개념을 가르쳐주자.

"돈은 아무 이유 없이 주고받는 것이 아니야. 어른들도 친구랑 그냥 돈을 주고받지 않아."

친구에게 과자나 사탕 또는 학용품을 나눠 줄 수 있지만, 너무 자주 그러는 것은 바람직하지 않다는 것도 알려주자.

---

**Financial Point**

● 돈의 개념이 잡히지 않은 아이들은 무작정 아끼거나 신나게 인심을 쓰기도 한다. 우선은 '한 번 받으면 한 번 준다'는 원칙을 세우고 지키게 하자.

# Habit 4

# 목표는 분명하게,
# 보상은 확실하게

## 시험 잘 보면 뭐해 줄 거예요?

부모 대상 경제교육을 갔을 때의 일이다. 늘 그렇듯이 강의가 끝나면 상담을 요청하는 부모들이 있다. 그날도 한 엄마가 나에게 다가왔다.

"아이가 스마트폰을 사달라고 자꾸 조르네요. 아직 저학년이라 너무 빠른 것 같은데 어떻게 하면 좋을까요?"

"그렇군요. 어머님 생각을 아이와 솔직하게 나눠보시는 게 어떨까요?"

"그게 사실은⋯ 제가 아이에게 사준다고 했거든요. 영어시험 100점 맞으면 스마트폰 사준다고⋯."

엄마는 말끝을 흐렸다. 안타까웠지만 어쩔 수 없었다. 부모가 아이와 한 약속은 지켜야 한다. 자녀에게 부모의 신뢰성이 떨어지면 어떤 교육도 효과적으로 이뤄지기 어렵기 때문이다. 그 엄마에게 아이와 이미 약속을 했으니 지켜야 한다고 말해주면서 앞으로는 아이의 성적을 위해 과도한 물질적 보상을 약속하지 말라고 당부했다.

우리나라 부모들은 아이의 행동 변화를 위해 물질적 보상을 약속할 때가 많다. 특히 성적 향상이라는 목표를 손쉽게 달성하고자 아이와 무리한 약속을 한다. 부모가 성적에 목을 맨다는 사실을 아는 아이들이 먼저 요청하기도 한다.

"이번에 시험 잘 보면 OOO브랜드 점퍼 사주세요."

"100점 맞으면 스마트폰 사주세요."

적절한 물질적 보상은 아이가 바람직한 방향으로 변화하도록 동기를 부여하는 수단이다. 부모가 아이와 원만한 관계를 유지하면서, 아이의 행동 변화를 위해 많은 잔소리를 하지 않아도 된다는 장점도 있다.

하지만 매사에 물질적 보상을 하다 보면 자칫 목적과 수단이 바뀌는 상황이 벌어질 수 있다. 아이가 오직 보상만 바라고 일시적으로 그런 행위를 하게 되는 경우가 생기는 것이다. 물질적 보상은 신중하게 사용해야 한다.

## Action 물질적 보상, 목표와 방법을 정하자

아이들이 좋아하는 음식, 옷, 신발, 장난감, 휴대폰, 돈 등을 보상으로 제시하는 부모들이 자주 하는 실수는 보상을 일관성 없이 정하거나 자주 변경한다는 것이다.

"엄마가 침대 바꿔준다고 약속했잖아요."

"멀쩡한 침대를 뭐하러 바꾸니? 그거 말고 청바지 하나 사줄게. 지금 있는 옷은 낡아서 어차피 사야 돼."

부모가 편리한 대로 보상 방법을 바꾼다면 아이는 다음에 부모가 어떤 말을 해도 들으려 하지 않을 것이다. 처음부터 부모가 지킬 수 있는 것을 정해야 한다.

고가의 물건이나 많은 돈을 보상으로 정하는 것은 바람직하지 않다. 물질적 보상은 주는 부모도, 받는 아이도 즐거운 마음이어야 한다. 부모가 적잖은 부담을 지면서까지 할 필요는 없다. 그래서 소비성이 강한 물건보다 이왕이면 아이에게 유익하고 의미가 있는 게 좋다.

물질적 보상을 효과적으로 활용하려면, 보상의 궁극적 목표와 방법을 정해야 한다. 부모는 아이에게 "네가 ~하면 ~해줄게"라는 말을 습관적으로 하는데, 매사에 보상을 제시한다면 효과는 없다. 아이가 반드시 달라져야 하는 중요한 사안을 목표로 정하고 효율적으로 활용하는 게 좋다.

나는 아이들의 독서 습관을 위해 칭찬 나무를 활용한 적이 있다. 칭찬 나무 하나에는 30개의 열매가 있는데, 책 한 권을 읽으면 스티커를 하나씩 붙여줬다. 나무 열매에 모두 스티커가 붙으면 상으로 아이가 원하는 책 한 권을 사줬다.

물질 외에 다른 보상 방법을 활용하는 것도 좋다. 가족과 여행가기, 친구와 게임하기, 친구와 놀이동산에 놀러가기 등 활동에 대한 보상이 있다. "멋지다", "열심히 하니까 예쁘네", "역시 최고네" 등 언어적 보상과 '쓰다듬기', '뽀뽀하기', '안아주기' 등 신체적 접촉을 통한 보상도 있다. 이러한 보상은 물질적 보상이 가진 위험성 없이 부모와 아이의 유대관계를 강화해준다는 점에서 좋다.

내 경험상 물질적 보상의 경우 이른바 '약발'이 오래가지 않는다. 물질보다 효과가 큰 것이 바로 칭찬이다. 칭찬은 귀로 듣는 보약이라고 했다. 부모의 칭찬에 흠뻑 젖은 아이는 자신감과 더 잘해낼 수 있는 힘이 생긴다. 아이를 행복한 부자로 키우고 싶다면 용돈교육에서 아낌없는 칭찬도 활용하기 바란다.

---- Financial Point

● 물질적 보상에 대한 목표를 분명하게 정하고, 이를 달성했을 때는 보상을 미루지 않는다(보상 시기를 미루면 목표를 달성한 기쁨이 퇴색되기 쉽다).

● 자기 방 정리, 학교 숙제하기 등 아이가 당연히 해야 할 일에는 물질적 보상을 하지 않는다.

## Habit 5

# 홈 알바로
# 용돈을 벌게 하자

### 엄마 아빠가 잘해주는 건 당연한 거 아니에요?

옛날에 한 왕이 여러 학자들을 불러 백성들이 행복하게 살 수 있는 방법을 연구하게 했다. 학자들은 한참을 연구해서 책 12권을 만들어 왕에게 보여줬다. 왕은 이걸 다 언제 읽겠냐며 간단하게 줄여오라고 했다. 학자들은 연구를 거듭해서 책 한 권으로 만들어서 가져갔다. 하지만 왕은 더 짧게 하라고 불호령을 내렸고, 궁리 끝에 학자들은 단 한 줄로 줄였다.

"세상에 공짜는 없다."

노력 없이는 아무것도 얻을 수 없다. 세상에 공짜가 없는데, 아이들은 부모에게 공짜로 용돈을 제공받는다. 용돈은 아이들의 소득이다. 소득을 크게 사업소득, 근로소득, 재산소득, 이전소득으로 나눌 때 아이들의 용돈은 이전소득에 해당한다. 부모의 지갑에서 아이의 주머니로 이전(移轉)하는 소득이다.

또한 아이들은 부모의 노동도 공짜로 제공받는다. 가사노동을 통해 각종 생활 편의를 제공받는 것이다. 집안일은 가정을 지탱하고 유지하는 핵심이지만, 주부 외에 가족들은 그 가치를 잘 인정해주지 않는다. 해도 해도 끝이 없지만 하지 않으면 꼭 티가 나는 것이 가사노동이다. 스트레스가 이만저만이 아닌데, 아이들은 집안일을 당연히 엄마가 해야 한다고 생각한다.

"우리 애는 내가 자기 하녀인 줄 안다니까요."

"주말에 실내화를 안 빨았다고 화를 내기에 부랴부랴 빨았는데 갑자기 눈물이 났어요."

자녀에게 베푸는 것이 부모 입장에서는 당연한 것이지만 이를 아이가 당연하다고 생각해서는 안 된다. 편의를 제공받고 싶다면 그만한 대가를 지불하는 것이 세상을 사는 이치이기 때문이다. 아이들이 일찍부터 이를 배운다면 부모로부터 받은 모든 것들에 감사하게 될 것이다.

어떻게 하면 아이들에게 노동의 가치와 부모의 은혜를 느끼게 할 수 있을까? 가장 좋은 방법은 집안일을 나눠 맡기고 그에 대해 수고료를 지불함으로써 아이들이 부모의 노력과 돈을 공짜로 받지 않도록 하는 것이다. 이제부터라도 '홈 알바'를 시켜보자.

**Action** **'홈 알바비'로**
**부모의 수고에 대한 감사를 배운다**

집안일 중에서 아이들이 직접 해볼 수 있는 항목들을 구분한 다음, 각각의 활동에 대해 '홈 알바비'를 책정해보자. 아이들의 연령대를 고려해서 항목을 정하는 게 좋은데, 간단하고 손쉬운 일이나 아이 자신을 위한 활동은 대가를 지불하지 않는 게 원칙이다. 식사 전후 식탁 닦기, 수저 놓기, 자기 방 화분에 물주기, 아이의 책상과 방 청소 등은 기본적으로 대가없이 해야 하는 일들이다. 아이도 한 명의 가족 구성원으로서 당연히 해야 할 몫이 있다.

빨래를 널고 개는 것도 가족이 함께하면 된다. 온 가족의 빨래를 한 사람이 정리하자면 시간이 많이 걸리지만, 각자 자기 자신의 빨래를 정리하면 훨씬 수월하게 끝난다. 조금만 신경 쓰고 배려하면 쉽게 할 수 있는 이런 일들을 아이가 했을 때는 칭찬의 말을 잊지 않도록 하자.

"네가 집안일을 함께해줘서 우리 가족이 편해졌어."

내 경우 '홈 알바비'를 주는 항목은 거실 청소, 설거지, 운동화·실내화·가방 빨기, 분리수거 등이다. 아이 스스로 하고 싶은 항목을 정하는 것도 좋다.

우리 집은 분리수거와 화장실 청소는 아빠 담당이다. 하지만 바쁜 직장 일 때문에 못하는 경우가 생긴다. 이때 화장실은 내가 청소하고 분리수거는 큰딸, 작은딸이 대신 나선다. 분리수거 알바는 회당 1,000원이다. 설거지의 경우 양이 많을 때는 200~300원을 더 주기도 한다. 요즘 실내화는 천이 아니기 때문에 쉽게 빨 수 있고 금세 마르기 때문에 다른 알바에 비하면 저렴하다.

♣운동화 빨기: 1,000원    ♣실내화 빨기: 500원

♣설거지: 1,000원    ♣거실 청소: 1,000원

나는 이런 내용을 종이에 적어서 가족 모두 볼 수 있도록 냉장고 문에 붙여 두었다. 아이들은 수시로 알바 내용을 바라보면서 일을 하고 알바비를 받았다. 작은딸은 초등학교 5학년 때 청소년단체에 가입했는데, 단복이나 체험활동비는 내가 부담하고 간식비나 기념품 구입비 같은 것은 아이가 용돈으로 해결하도록 했다. 아이는 일주일 동안 홈 알바를 모두 소화하고 알바비를 받아서 체험활동 용돈으로 활용했다. 나는 훌륭하게 알바를 해낸 아이에게 아낌없이 칭찬하고 따뜻하게 안아줬다.

아이에게 일을 시킨다는 것은 인내심과 관대함이 필요하다. 사실 아이에게 시키는 것보다 직접 하는 것이 속 편하고 시간도 덜 걸리고 간단히 끝난다.

"그렇게 세게 닦으니까 컵을 깨뜨리지."

"운동화를 그렇게 빨면 다 망가진다."

이런 잔소리가 나오기 쉽다. 하지만 일의 효율보다 아이의 발전을 위한 것이므로 실수를 하거나 잘못된 방법으로 하더라도 차근차근 방법을 알려주면서 잘해낼 때까지 기다려 주어야 한다.

"애들이 잘할 수 있을까요?"

홈 알바에 대해 이야기하면 걱정부터 하는 부모들이 있다. 미리 걱정부터 하지 말자. 아이는 부모가 알고 있는 것보다 더 훌륭하다.

종종 아이의 공부 시간을 빼앗는다고 홈 알바를 꺼리는 경우도 있다. 그러나 홈 알바는 가족 구성원에 대한 배려심을 길러주는 역할을 하므로 반드시 실천해보자. 경제관념뿐 아니라 집안일의 소중함과 가치를 깨닫고 가족에 대한 배려도 깊어질 것이다.

---- Financial Point

● 홈 알바의 세 가지 유익함

첫 번째, 돈을 버는 노동의 중요성을 깨우친다.

두 번째, 부모가 아이들을 위해 얼마나 많은 일을 하는지 알게 된다.

세 번째, 집안일은 가족 모두를 위한 가치 있는 일이라는 사실을 알게 된다.

## Habit 6

# 고가의 물건을
# 갖고 싶다고 할 때

### 비싸도 꼭 갖고 싶단 말이야

아이들은 자라면서 주장이 분명해진다. 어릴 때는 부모의 말에 따라서 생각을 바꾸기도 하지만, 자랄수록 자신의 주장을 내세운다. 아무리 설득해도 쉽사리 뜻을 바꾸지 않는다. 큰아이가 여덟 살 때의 일이다.

"엄마, 다현이가 초등학교 입학선물로 예쁜 핑크색 닌텐도를 선물로 받았대. 나도 닌텐도 사줘."

닌텐도 게임기? 모두 알다시피 제법 값이 나가는 게임기였다. 엄마인 내 생각에는 꼭 필요한 물건이 아니었기에 아이가 아무리 갖고 싶다고 해도 선뜻 사줄 수 없었다. 그래도 "안 된다"고 딱 잘라 거절하지 않고 아이가 이성적으로 생각할 수 있도록 설명하려고 애썼다.

"지금 있는 많은 장난감들도 다 네가 갖고 싶다고 한 것들이야. 하지만 산 지 얼마 지나지 않아서 싫증 내고 더 이상 가지고 놀지 않았어. 닌텐도도 장난감이야. 장난감은 꼭 필요한 물건이 아니고 금세 싫증이 나기 때문에 비싼 걸 살 필요가 없다고 생각해."

그러자 딸아이는 닌텐도 게임기가 자신에게 정말 필요한 것이라고 우기기 시작했다. 고민이 되었다. 아이가 이렇게까지 간절하게 원하는데 거절해도 괜찮을까? 솔직히 마음이 약해졌다. 하지만 그렇다고 해서 덮어놓고 사줄 수는 없었다.

고민하던 중에, '아이가 돈을 모아 닌텐도를 사게 할까?' 라는 생각이 들었다. 고가의 장난감이니만큼 오랫동안 노력해서 샀는데 금세 싫증이 나서 가지고 놀지 않는다면 어쩐다? 하지만 다시 생각해보니 그런 경험을 해보면 다음에 물건을 살 때 필요와 욕구를 좀 더 구분할 수 있을 것 같았다. 결국 나는 아이에게 용돈을 모아서 게임기를 사라고 말했다.

"물건을 갖고 싶은 마음이 들면 곧바로 사고 싶지. 하지만 그렇게 하면 돈을 모을 수 없고, 가진 돈을 모두 써버리고 말 거야. 돈을 쓰기는 정말 쉬운데, 모으기는 힘들단다. 엄마는 네가 돈을 잘 모으는 방법을 배웠으면 좋겠어."

큰딸은 용돈을 모으지 않으면 게임기를 얻을 수 없다는 것을 이해하고 이 방법에 동의했다. 우리는 함께 은행에 가서 통장을 새로 만들었다. 만일 맞벌이 부부라서 아이와 은행 갈 시간을 따로 내기가 어렵다면 부모가 대신 만들어 주거나 인터넷뱅킹을 이용해도 된다. 단, 통장 이름 옆에 무엇을 위한 저축인지를 쓰는 게 포인트다.

**Action** '소원통장'을 만들자

나는 창구 직원에게 아이 이름으로 통장을 만들어 달라고 하면서 이렇게 덧붙였다.

"아이 이름 옆에 괄호치고 닌텐도라고 적어주세요."

"네, 알겠습니다. 닌텐도 사려고 통장 만드시나 봐요."

은행직원은 씩 웃으며 통장을 만들어줬다. 아이 이름 옆에 적힌 '닌텐도'라는 단어를 보니 신기하고 재미있었다. 이것이 이름하여 '소원통장'이다. 말 그대로 내가 원하는 물건을 사기 위한 돈을 모으는 통장이다. 딸아이도 태어나 처음 만든 소원통장이 신기한지 보고 또 보았다. 그냥 통장이 아니고 아이의 소원을 이루게 해줄 통장이니 그럴 만도 했다.

이렇게 통장의 아이 이름 옆에 목표를 써주면 목적성이 더 뚜렷해진다. 큰딸도 통장을 볼 때마다 저축을 잘해서 꼭 닌텐도를 사야겠다고 다짐했다. 용돈이나 홈 알바비, 친인척에게 받은 용돈의 일부를 소원통장에 저축했다. 소원통장을 만들면 용돈통장에는 저축을 잘 하지 않게 되는데, 소원통장 목표 금액이 달성되면 다시 용돈통장에 저축하면 된다.

초등학교 1학년 때는 용돈을 쓸 일이 별로 없다. 그래서 큰딸은 친척이나 할머니, 할아버지가 주시는 돈은 차곡차곡 저축했고, 1년 안에 닌텐도 가격만큼의 돈을 모을 수 있었다.

드디어 닌텐도를 손에 쥔 날, 아이는 뛸 듯이 기뻐했다. 지켜보는 나도 기뻤다. 마음 한 구석에는 '게임에 푹 빠지면 어쩌나' 하는 염려가 있었지만 기우였다. 아이가 게임기를 어찌나 아끼고 잘 보관하는지, 어린 동생이 망가트릴까 봐 동생 앞에서는 게임도 하지 않았다.

오랜 시간을 두고 돈을 모아 마련한 큰아이의 보물 1호는 나중에 둘째가 물려받았다. 큰딸은 동생을 앉혀 놓고 게임기를 갖기까지의 역사를 구구절절 늘어놓은 다음, 깨끗하게 잘 사용하라고 신신당부를 했다. 옆에서 언니가 물건을 갖기 위해 돈을 모으고 소중히 다루는 모습을 본 작은딸도 게임기를 소중히 다뤘다.

나는 우리 아이들이 소원통장에 돈을 모을 때 걸그룹 소녀시대의 노래 '소원을 말해봐' 가사를 개사해서 함께 불렀다. 아이들이 친숙해하는 노래를 개사하는 건 소원통장에 대한 관심이 사그라지지 않는 데 도움을 주었다.

소원통장을 운영할 때 주의할 점이 있다. 통장 안의 돈을 임의로 빼는 것을 허용해서는 안 된다는 것이다. 소원통장은 엄연히 목적이 있는 통장이므로, 그 목적을 달성하기 전까지는 절대 돈을 빼지 않는 것을 규칙으로 정해야 한다. 한마디로 정해진 시기까지는 '돈 터치(Don't Touch)!'다.

소원통장으로 마련하는 것들은 대부분 아이가 쉽게 구입할 수 없는 고가의 물건이다. 당장 갖고 싶은 마음을 참고, 한 푼 두 푼 모아서 산 것이기 때문에 부모가 잔소리를 하지 않아도 소중히 사용하게 된다. 돈을 모으고, 물건을 아끼는 두 가지 습관을 키워줄 수 있는 소원통장을 활용해보자.

---- Financial Point

● 고가의 물건을 아이 스스로 돈을 모아 사게 함으로써 욕구를 자제하고 물건을 아끼는 능력을 키워주자. 어렵게 산 물건은 자신만의 스토리가 있기에 더욱 아껴서 사용한다.

# Habit 7

# 신중하게
# 생각하고 기다리기

## 갖고 싶은데 빨리 사주면 안 돼요?

큰아이가 초등학교 5학년 때였다. 아이가 학교에서 무엇을 배웠나 궁금해서 아이의 노트를 쭉 넘겨보다가 맨 뒷장에서 예상치 못한 내용을 발견했다. 반 친구들과 담임 선생님 이름이 적혀 있고, 그 옆엔 휴대폰 기종을 빼곡히 적어 놓았다. 스마트폰의 경우 형광펜으로 표시돼 있었다.

우리 반 학생 27명, 이중에 스마트폰 가지고 있는 친구는 17명

친구들 3명 중 2명은 스마트폰을 가지고 있음


스마트폰을 갖고 싶어 하는 아이의 마음을 읽을 수 있었다. 순간 '스마트폰을 이렇게까지 원하면 사 주지 뭐' 하는 생각이 들었으나 아이에게 노트에서 본 내용은 말하지 않았다. 아이도 반 친구들의 휴대폰 현황을 조사했다는 사실에 대해 나에게 말하지 않았다. 궁금했지만 아이가 말할 때까지 꾹 참았다.

그렇게 시간이 흐른 어느 날, 아이는 자신의 방에 있는 작은 칠판에 이렇게 적어 놓았다.


---

**"나에게 스마트폰이 생긴다면…"**

1. 게임은 두 달에 1시간 하기

2. 집에서는 꼭 필요한 때만 쓰기(나머지 시간은 되도록 꺼두기)

3. 학교에는 주 3~4회만 가지고 다니기

4. 앱은 너무 많이 받지 않기

5. 한 달에 한 번은 핸드폰 없이 지내기

6. 핸드폰 때문에 짜증내지 않기

---

스마트폰을 사주기만 하면 잘 사용하겠다는 결심을 보란듯이 공개함으로써 스마트폰이 갖고 싶다는 마음을 표현한 것이다. 아이의 간절한 바람을 알았지만, 이미 아이에게는 노리폰이라는 아이들용 휴대폰이 있었고 여전히 스마트폰이 꼭 필요하다고 생각하지 않았다.

시간이 지나서 큰딸이 6학년이 된 3월의 어느 날 딸아이가 종이 한 장을 나에게 건넸다. 새 학년, 새 친구들의 이름과 전화번호 그리고 스마트폰 기종이 적혀 있었는데, 대부분의 아이들이 스마트폰을 가지고 있었다. 내용인즉 자신도 스마트폰을 갖고 싶다는 것이었다.

아이가 자기 생각을 잘 정리해서 꾸준히 표현했다는 점에서 우리 부부의 마음이 움직였다. 기나긴 인고의 시간을 보낸 딸아이에게 스마트폰을 사주기로 했다. 아이는 너무 신나서 펄쩍펄쩍 뛰면서도 이렇게 덧붙였다.

"왜 우리 집은 뭐 하나 사는 게 이렇게 힘들어? 다른 친구들 부모님은 잘 사주는데. 우리 집은 기다리다가 지쳐 죽을 것 같아."

아이의 하소연을 이해했지만 이렇게 답해줬다.

"돈을 쓸 때는 신중해야 하거든."

**Action** 돈 사용의 제1원칙,
'최대한 늦게 쓰기'를 가르치자

아이의 불평처럼 우리 집은 물건을 살 때 신중하다. 필요인지 욕구인지를 구분하고, 욕구 때문이거나 이도저도 아닐 때는 되도록 사지 않는다. 그럼에도 사야겠다는 간절함이 크다면 최대한 시기를 늦춘다. 기다리게 하는 것이다.

아이에게 올바른 소비습관을 길러주려면 '기다림의 미학'이 반드시 필요하다. 아이가 원하는 것이 있다면 그것을 얻을 수 있는 방법을 스스로 찾을 때까지 부모는 기다려야 한다. 이것이 쉬운 일은 아니다. 차라리 해주는 편이 속은 편할 것이다. 그러나 부모가 기다리지 못해 대신 해주면 아이는 스스로 판단하고 실행하는 능력을 기를 수 없다.

소비 위주의 환경을 피하는 것도 좋은 소비습관을 기르는 데 도움이 된다. 대형마트나 백화점에 가면 누구나 생각지도 않은 물건을 사고 싶은 마음이 든다. 이른바 '만족지연능력'이 어른 만큼 크지 않은 아이들은 이런 유혹에 더 쉽게 빠진다. 그러니 그런 곳은 되도록 적게 가는 것도 하나의 방법이다.

또 아이들은 또래 친구들의 소비 성향에 영향을 받는다.

"친구들은 다 있단 말이야!"

아이가 이런 말을 하면 부모는 흔들린다. 하지만 이럴 때 부모는 분명하게 선을 그어야 한다. 자신이 부족한 부모가 된 것 같아 미안해하면서 쉽게 지갑을 열어서는 안 된다. 합리적인 지출인지 따져보고 감정이 아닌 이성적으로 설득이 될 때만 지출하자.

사람은 즉각적인 것을 좋아하고 쉽게 반응하는 경향이 있다. 운동보다는 휴식이, 소식보다는 과식이, 저축보다는 소비가 쉽고 당장에는 더 좋다. 운동이 지금 당장 어떤 효과를 못 느껴도 나중에는 몸을 건강하게 만들어주는 것처럼, 저축은 지금 당장 아무런 만족을 주지 못해도 미래를 풍요롭게 만들어준다.

어른인 부모도 미숙한 인간이기에 감정을 다스리고 참는 것이 어렵다. 또한 모든 부모가 아이에게 별이라도 따주고 싶은 마음을 갖고 있다. 그러나 아이를 위해서는 기다리고 참아야 한다.

---

**Financial Point**

● 아이들을 소비의 유혹으로부터 지켜내는 방법은 두 가지다. 첫 번째는 원천봉쇄고, 두 번째는 일부 허용하며 조절능력을 가르치는 것이다. '최대한 늦게 쓰기'를 하면서 조절하는 방법을 가르치자.

**Habit 8**

# 동전도
# 소중하게 모으기

## 10원짜리 동전으로 할 게 뭐 있겠어?

저녁을 차려놓고 밥을 먹자고 부르니 안방에서 TV를 보던 딸이
외친다.

"잠깐만, 이거 금방 끝나. 보던 거 다 보고 바로 나갈게."

무슨 프로그램이기에 저렇게 열심히 볼까 싶었다. 잠시 후 쪼르르
달려 나온 딸은 밥을 먹으면서 조금 전에 봤던 프로그램 이야기를
했다.

"10원짜리 동전을 신발에 넣거나 신발장에 넣어두면 고약한 발 냄

새가 없어진대. 신기하지? 그리고 TV 옆에 두면 전자파도 차단해준 대."

아이는 열을 올리며 10원짜리 동전 활용법을 설명했다.

"쓸 일이 있어서 다행이야. 10원짜리는 길에 떨어져도 줍고 싶지 도 않았는데."

아이의 말에 좀 놀랐다.

"무슨 소리야. 10원짜리도 돈인데."

"쓸 일이 없는데 뭐. 그냥 준다해도 받지 않아."

식사를 마친 후 나는 학교 특강수업에 사용하는 주화세트를 아이 에게 보여줬다. 1원짜리, 5원짜리 동전을 보며 아이는 신기해했다.

"1원은 무궁화, 5원은 거북선, 10원은 다보탑, 50원은 벼, 100원 은 이순신 장군, 500원은 학 그림이 있어. 요즘에는 1원짜리, 5원짜 리 동전을 볼 수 없지만, 1원이 모여서 10원이 되고 10원이 모여서 100원이 되는 거야. 작은 돈이라고 해서 소홀히해서는 안 돼."

아이에게 경제교육을 하겠다고 반드시 별도의 시간을 내야 하는 건 아니다. 일상생활 속에서 돈에 대한 주제가 나왔을 때 자연스럽 게 하면 된다. 나는 아이에게 각각의 동전마다 문양을 설명한 후, 즉 석에서 동전별 문양을 맞추는 게임을 했다. 게임을 통해서 아이는 자연스럽게 동전의 단위와 100원도 결코 작은 돈이 아니라는 사실을 익힐 수 있었다.

사람들은 동전을 불편해한다. 100원짜리 아래로는 별로 사용하지 않고 보기도 어렵다. 한국은행에서 2020년까지 동전을 퇴출시키겠다고 공언하고 나선 마당이니 머지않아 동전은 박물관에서나 볼 수 있을지 모른다.

우리 아이들의 경제마인드를 위해서는 작은 돈 하나하나의 소중함을 알려줘야 한다. 일상에서 1원짜리, 5원짜리 동전이 쓰이진 않지만, 물건에 붙는 세금이나 은행 이자에서는 여전히 1원 단위가 존재한다. 100만 원이나 1억 원도 1원이나 10원이 모여서 생긴 돈이다. 작은 돈을 무시하면 큰돈도 모을 수 없다. 천리 길도 한 걸음부터, 티끌 모아 태산이다. 우리 아이들에게 동전 같이 작은 돈도 소중하게 여기도록 가르치자.

**Action** 저금통 두 개의 마법

먼저 작은 저금통을 두 개 준비한다. 하나는 가족 모두의 동전 저금통, 또 다른 하나는 아이만의 동전 저금통으로 사용한다. 모두의 저금통은 가족 모두가 함께 모으는 것이고, 아이의 동전 저금통은

아이가 혼자 모으는 것이다(자녀가 둘이라면 각각 하나씩 준비한다).

저금통을 굳이 사지 않고 집안에 있는 작은 통을 활용해도 되는데, 중간에 액수를 확인할 수 있도록 뚜껑이 있으면 좋다. 아이와 함께 저금통을 예쁘게 꾸미면서 저축의 흥미와 의욕을 자극한다. 유의할 점은 저금통은 큰 것보다는 작은 것이 좋다. 욕심껏 커다란 통을 준비하면 돈을 모으는 데 시간이 오래 걸려서 지칠 수 있기 때문이다.

모두의 저금통엔 이렇게 적는다.

'동전 모아 십시일반'

'십시일반'이란 열 사람이 한 숟가락씩 모으면 한 사람 먹을 분량이 된다는 뜻이다. 집에서 누구의 돈인지 알 수 없는 동전을 발견했다면 '동전 모아 십시일반' 저금통에 넣으면 된다. 부모부터 모범을 보여야 아이가 직접 따라할 수 있으니 동전을 넣는 모습을 자주 보여주자.

아이의 저금통에는 아이가 동전을 넣도록 하는데, 저금통에 이렇게 적는다.

'땡그랑 한 푼'

10원짜리든, 50원짜리든, 100원짜리든 동전이 생기면 여기에 넣도록 한다. 넣을 때 신나게 노래를 부르는 것도 좋다.

땡그랑 한 푼, 땡그랑 두 푼, 벙어리저금통이 아유 무거워.
하하하하 우리는 착한 어린이. 아껴 쓰며 저축하는 알뜰한 어린이.

한 푼, 두 푼 모인 돈이 가득 채워지면 저금통을 열어보자. 부모는 미리 액수를 확인해 1,000원짜리, 만 원짜리 지폐를 준비해서 저금통에서 나온 동전의 액수만큼 바꿔준다. 아이들은 작은 동전들이 모여서 큰 액수가 되는 것을 눈으로 확인하면서 십시일반의 위력을 실감하게 된다.

**'동전 모아 십시일반' 저금통**

♠저금하는 사람: 가족 전체(누구 것인지 알 수 없는 동전)

♠사용 방법: 가족 모두를 위한 활동에 쓰거나 기부하기

**'땡그랑 한 푼' 저금통**

♠저금하는 사람: 아이

♠사용 방법: 용돈통장에 저축하기

'땡그랑 한 푼' 저금통의 돈은 아이의 용돈통장에 입금하고, '십시일반' 저금통의 돈은 어떻게 사용하면 좋을지 함께 이야기해보는 시간을 갖는다. 가족이 다 함께 외식을 하거나 나들이를 가는 등 함께 하는 활동에 사용하면 좋을 것이다.

다른 방법으로 의미 있는 곳에 쓸 수도 있다. 예를 들어, 크리스마스 씰을 사거나 어려운 이웃을 돕는 단체에 기부하는 것이다. 하찮게 여겼던 동전을 모아서 좋은 일에 쓴다면 작은 돈의 가치를 크게 인식시켜 줄 계기가 될 것이다.

작지만 큰 기쁨을 맛보게 해주는 동전의 마법, 가족이 함께 경험해보자.

---

**Financial Point**

● 저금통 저축은 액수가 적으니 대수롭지 않게 생각해 흐지부지되기 쉽다. 부모가 책임감을 갖고 솔선수범해 한 번이라도 저금통을 꽉 채워보자.

## Habit 9
# 아이가
# 저축 의욕을 잃었을 때

### 이자도 얼마 안 되는데 저축해서 뭐해?

우리 아이들은 저축을 시작하고 난 후 가끔 자신의 통장을 보여 달라고 했다. 통장을 건네주면 진지하게 페이지를 넘기며 찬찬히 살펴본다. 하루는 통장을 살피던 큰딸이 말했다.

"엄마, 내 통장에 이상한 돈이 들어와 있어."

아이가 손가락으로 가리키는 부분을 보니 10원, 53원, 62원, 132원 등 10원 단위의 돈이 입금돼 있었다.

"아~ 그게 바로 이자야. 전에 엄마가 설명했던 거 기억나? 은행에 돈을 맡기면 은행이 그 돈을 그냥 보관하는 게 아니라 다른 사람에게 빌려주고 그 대가로 돈을 받거든. 돈을 빌려준 데 대한 값을 받는 거지. 돈을 맡긴 사람들이 받는 돈, 돈을 빌린 사람들이 내는 돈, 둘 다 이자라고 해. 돈을 맡길 때 받는 이자보다, 돈을 빌린 사람이 내야 하는 이자가 훨씬 커."

나름 열심히 설명했지만, 아이는 입술이 삐죽 튀어나왔다.

"잉~ 그래도 이게 뭐야. 10원, 53원, 너무 적잖아."

"하하! 그렇게 생각할 수도 있겠네. 이자는 돈의 액수와 넣어둔 기간을 따져서 주는 거야. 금액이 적고 기간이 짧으면 이자가 적어. 저축을 더 많이 하면 이자를 더 많이 받을 수 있을 거야."

통장에 저축하면 돈이 더 불어난다는 말을 믿고 저축하던 아이는 몇 푼 되지 않는 이자에 실망했다. 열심히 저축한 노력에 비해 결실이 작게 느껴진 것이다. 더는 저축하고 싶지 않다고 했다.

딸의 말처럼 이자율이 낮아져 저축습관과 저축의욕을 갖기엔 어려운 시대가 되었다. 하지만 그렇다고 저축을 포기할 수는 없다. 아이에게 굳건한 저축습관을 만들어줄 방법을 찾아보자.

**Action** 부모가 100퍼센트 이자 지급,
'원 플러스 원' 저축하기

아이들에게 저축습관을 길러줄 방법을 고심하던 끝에 생각한 것이 '원 플러스 원 저축'이다. 저축으로 눈에 띄게 돈이 늘어나는 것을 체험하고, 계속 저축하고 싶은 생각이 들게 만드는 방법이다. '원 플러스 원'은 하나를 사면 하나를 더 주는 마케팅 기법이다. 마트에 가면 세일하는 물건이나 '원 플러스 원' 물건에 자연스레 눈길이 간다. '원 플러스 원'은 50퍼센트 할인과 다를 바 없지만, 소비자 입장에서는 하나를 공짜로 얻는다는 느낌이 생긴다. 그래서 구매욕구가 커지는 것이다.

이것을 저축에 적용해보기로 했다. 앞에서 설명한 두 가지 통장과는 별도의 통장을 만들어, 아이가 저축한 금액만큼 부모가 저축해주는 것이다. 부모가 은행이 되어 100퍼센트의 이자를 지급하는 셈이다.

나는 남편과 상의한 후 아이들을 불렀다. 아이들에게 중요한 이야기를 할 때는 그에 맞게 분위기를 조성하는 것이 필요하다.

"엄마 아빠는 너의 저축생활에 즐거움과 돈이 불어나는 기쁨을 주고 저축습관을 들이기 위해 '원 플러스 원 저축'을 제안하려고 해. 네가 1,000원을 저축하면 네 통장에 1,000원을 더 넣어주는 거지."

"진짜야? 그럼 내 돈이 두 배가 되는 거야?"

"그렇지. 네가 저축할 때마다 똑같은 금액을 넣어줄 거야."

"진짜? 무조건 할래."

아이의 눈이 휘둥그레졌다. 당연하다. 시중은행 어디에도 이렇게 많은 이자를 주는 곳은 없으니까.

"단, 조건이 있어. 원 플러스 원 저축통장에 저축하는 돈은 반은 네가 모은 돈이고, 반은 엄마 아빠가 보태준 돈이니 네 마음대로 꺼내서 쓸 수는 없어."

"왜 그래야 돼?"

"세상 어디에도 없는 100퍼센트 이자를 받으면서 모은 돈을 쉽게 써버리면 이렇게 해주는 것이 의미가 없거든. 이 통장에 저축한 돈은 네가 스무 살이 되면 쓸 수 있어. 시간은 꽤 걸릴 거야."

큰딸은 무조건 한다며 의욕을 보였다. 나는 아이의 이름으로 통장을 별도로 개설하고 이름을 '원 플러스 원 저축'이라고 적어 넣었다. 언니가 원 플러스 원 저축을 하는 것을 본 둘째는 자신도 하고 싶다며 졸랐다. 사실 둘째를 함께 불러서 이야기한 것은 이런 의도가 있었기 때문이다. 둘째에게도 통장을 만들어줬고 지금까지 착실하게 돈을 모으고 있다.

원 플러스 원 저축통장은 부모교육 때마다 반응이 무척 좋다. 특히 초등학교 고학년 이상 중학생 학부모들이 호응을 보인 방법이다. 이 통장은 성인이 될 때까지 돈을 뺄 수 없다는 원칙을 지키는 게 중요하다. 또한 나중에 이 통장의 돈을 가지고 무엇을 할 것인지 부모와 아이가 함께 미리 정해놓는 것이 저축의욕을 유지하는 데 도움이 된다.

아이의 연령에 따라서 용돈교육의 방식도 달라져야 한다. 어릴 때는 부모가 가르치는 것을 비교적 잘 수용하지만 자랄수록 합의나 규칙 만들기가 어렵다. 초등학교 4~5학년에 접어들기 시작하면 슬슬 말을 안 듣게 되고 사춘기가 되면 절정에 달한다. 그때는 아이에게 상당 부분 자율성을 부여하면서 사안에 따라서 개입하고 '지시'가 아닌 '상의'하는 방식으로 바람직한 용돈관리를 유도해야 한다.

---

**Financial Point**

● 원 플러스 원 저축은 아이가 저금하는 액수와 같은 금액을 부모가 넣어주는 방법이다. 통장에 입금한 후 아이에게 액수를 확인시켜서 저축의욕을 자극한다.

## Habit 10

# 지루한 저축을
# 신나게 하는 마법

## 저축? 해보니까 너무 지루해!

아이들은 지루한 것, 느린 것을 좋아하지 않는다. 아이들이 게임에 몰입하는 이유 중 하나도 화려한 영상이 끊임없이 변화하며 지루할 틈을 주지 않기 때문이다. 그런데 저축은 얼마나 지루한가? "더 빨리, 더 빨리"를 외치는 시대에 저축은 너무 느리고 답답하게 느껴질 것이다.

아이가 자신의 목표를 달성하기 위해 장기간 플랜을 실천하기는 쉽지 않다. 비싼 장난감을 목표로 세울수록 목표액에 도달하기까지의 시간은 길어진다. 내 아이들도 마찬가지였다. 큰딸은 닌텐도 소원통장을 만들고 오랜 기간을 기다리고 버텨서 목표를 달성했다. 정말 기적이나 다를 바 없었다. 하지만 다른 경우는 많이 힘들어했다.

"우리 딸, 요즘에는 소원통장에 저축을 잘 안 하네."

"그게 아니고 힘들어서 그래. 언제 다 모으나 싶어서 까마득하고 지루해."

둘째도 마찬가지였다. 어른들도 장기적금을 붓다가 해약하기 쉬운데 아이들이야 오죽하겠는가.

주변 엄마들과 이야기를 나눠보니, 대개 저축이 두 달 이상 지나면 아이의 저축열정이 시들해지기 시작한다고 한다. 주변 친구들이 돈을 쓰는 모습을 보면 저축하고 싶은 마음은 더 멀어져간다.

아이들의 이런 어려움을 충분히 공감하기 때문에 고민이 되었다. 아이들의 의욕을 고취시킬 수 있는 좋은 방법이 없을까?

그래서 생각한 것이 '마법의 저축 이벤트'다. 저축은 지금의 즐거움을 위해서가 아니라 미래의 즐거움을 위한 것이기에 당장에는 지루하다. 여기서 이벤트는 '지금' 즐겁게 돈을 모을 수 있는 장치가 될 수 있다. 게임업체들도 다양한 이벤트로 아이들을 컴퓨터 앞으로 불러 모은다. 아이의 저축습관을 만들고 싶다면 부모도 그만한 노력을 해야 한다.

## Action 마법의 저축 이벤트로 아이를 춤추게 하라

먼저 아이들과 상의해서 소원통장의 목표를 정해보자. 소원통장을 굳이 만들고 싶지 않다고 하는 아이들도 있다. 하지만 소원통장은 아이의 인내심과 만족지연능력을 키워주고 물질의 소중함, 저축의 재미를 알려주기 때문에 유익한 점이 많다. 따라서 부모는 아이가 사고 싶어 하는 물건이 있는지 들어보고 소원통장을 만들 수 있도록 유도해야 한다.

나는 아이들에게 소원통장을 만드는 습관을 들이기 위한 이벤트를 실시한 적이 있다.

"얘들아, 소원통장을 만들어 돈을 모아보면 어떨까?"

"소원통장? 언니가 하는 거 봤어. 나도 사고 싶은 게 있거든. 해볼래."

"난 닌텐도 때 너무 힘들어서 다시 하긴 힘들 거 같아."

"닌텐도보다 훨씬 더 빨리 살 수 있는 목표를 정하면 되지 않을까? 한 달 정도면 어때?"

시큰둥해하던 첫째는 내 말을 듣고 고개를 끄덕였다.

"그 정도면 할 수 있지."

"그럼 각자 하나씩 만들어보는 거야. 소원통장의 이름을 멋지게 만들어 오는 사람은 엄마의 상품이 있습니다!"

"진짜? 뭔데?"

아이들의 눈이 동그래지더니 반짝거리기 시작했다.

"소원통장의 이름을 멋지게 만든 1등에게는 5,000원, 2등에게는 3,000원을 통장에 입금해주겠습니다. 그럼 목표를 더 빨리 이룰 수 있겠지?"

"우와, 좋아! 해볼래."

아이들은 그때부터 이름 짓기에 골몰하더니 하나씩 가져왔다. 공정성을 위해 이름을 각각 종이에 적어서 제비를 뽑았다. 통장을 만든 후 약속대로 각각 상금을 입금해줬다. 소원통장의 저축기간은 한 달로 정했다. 아이들은 무척 즐거워하면서 한 달 동안 착실하게 돈을 모아서 목표했던 물건을 샀다.

'마법의 저축 이벤트'를 실행하기 위해서는 목표로 하는 물건과 금액부터 정해야 한다. 목표액은 아이가 결정하도록 하는데, 물건의 금액이 너무 비싸면 저축할 돈을 어느 선까지 할지 아이와 상의한다. 중간에 지치지 않게 저축기간은 아이의 성향을 고려해서 너무 길어지지 않도록 설정한다. 그런 다음 '마법의 저축 이벤트'를 상황에 맞게 사용하면 된다.

### 〈마법의 저축 이벤트〉

1. 아이가 목표로 하는 물건의 가격이 비쌀 경우, 실현 가능한 목표액을 정하고 목표를 달성하면 나머지는 부모가 채워준다.

2. 아이가 매주 받은 용돈이나 친인척이 준 용돈을 저축하면, 마일리지를 적립해준다. 예를 들면, 1,000원을 저축하면 100점, 2,000원 저축에 200점의 마일리지를 적립한다. 마일리지는 현금과 같은 개념으로, 한 달에 한 번 적립한 숫자를 현금으로 환산해 입금해준다(마일리지 100점 = 100원).

3. 소원통장의 이름을 공모한다. 당첨되면 마일리지를 적립해주거나 보너스를 직접 입금해준다. 마일리지나 보너스의 액수는, 소원통장 목표액의 1/10, 1/15 정도가 적당하다.

4. 용돈, 저축, 기부 관련 동화책을 읽으면 마일리지를 적립해준다. 예를 들어 경제동화 1권에 마일리지 200점 또는 300점 정도면 적당하다.

5. 저축 목표를 달성하면 목표한 물품을 산다. 그리고 소원통장 사용 후기를 적고 즐거운 간식 파티를 열어 가족들과 함께 즐긴다.

뭐든 지나치면 독이 된다. 열심히 돈을 모으고 제대로 쓸 줄 모르거나, 쓰는 재미에만 빠져서 빚을 내서라도 소비한다면 이처럼 불행한 일도 없다. 잘 모으고, 잘 쓸 수 있는 방법을 모색하고, 놀이처럼 이벤트처럼 즐겁게 저축할 수 있도록 도와주자.

---- Financial Point

● '마법의 저축 이벤트'는 부모의 강제가 아니라 아이 스스로 저축을 즐길 수 있게 해준다는 장점이 있다. 아이를 가르칠 때는 항상 자발적으로 행동이 변화하도록 유도해야 한다.

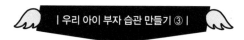
# 용돈교육으로
# 계발할 수 있는 능력

## 책임감

책임감은 자신이 해야 할 일을 중요하게 생각해서 잘 감당하는 마음이다. 누군가에게 돈을 빌렸다면 반드시 갚고, 필요로 하는 돈은 집안일 돕기를 통해 스스로 마련하는 책임 있는 경제생활을 할 수 있게 한다.

## 자기주도력

부모는 아이가 스스로 할 수 있는 능력을 키워줘야 한다. 내 아이니까 귀해서 '뭐든지 대신 다 해주겠다'는 부모의 마음은 매사에 기대려고 하는 의존성만 키울 뿐이다.

용돈교육을 통해 돈을 직접 관리하고 사용내역을 기록하고 합리적인 소비를 했는지 생각해보는 일련의 과정은 아이의 자기주도력을 키워줄 수 있다. 자기주도력이 뛰어난 아이가 공부도 잘할 뿐 아니라 긍정적이고 적극적으로 인생을 헤쳐 나간다.

## 만족지연능력

만족지연능력은 미래에 더 좋은 결과를 얻기 위해 지금 당장의 욕구를 자제할 수 있는 힘이다. 미래를 위해 현재 자신의 욕구를 지연시키는 것은 자기조절력과 연관되기에 중요하다. 아이가 갖고 싶어하는 물건을 덥석 사주지 않고 스스로 돈을 모아 사게 함으로써 욕구를 조절하는 자제력을 가르칠 수 있다.

## 배려심

용돈교육을 통한 경제교육은 무조건 아끼거나 혼자만 잘 살기 위해서 하는 것이 아니다. 집안일 돕기를 통해 가족에 대한 배려를, 기부를 통해 이웃에 대한 배려를 배우는 것이다.

## 지구력

용돈을 모으고 저축하는 것은 지루한 일이다. 당장 눈에 보이는 만족이나 성과가 없기 때문이다. 하지만 미래의 더 의미있는 기쁨을 위해 오늘 참고 절약하는 것은 매우 중요하다. 소원통장, 돼지저금통으로 동전 모으기 등은 오래 버티는 힘을 키울 수 있다.

## 판단력

"내가 좋아하는 연예인이 광고한 거야."

"내 친구가 사서 나도 산 건데."

이처럼 아이들은 감정이나 욕구에 이끌려 뭔가를 결정하기 쉽다. 경제활동에 대한 교육을 통해 이성적이고 합리적인 판단과 선택을 할 줄 아는 능력을 키울 수 있다.

# 우리 아이
# 부자로 만드는
# 자신만만 경제상식

"짜장면도 먹고 싶고 짬뽕도 먹고 싶은데 어떡하지?"

"내가 좋아하는 가수가 광고하는 제품을 샀는데 마음에 안 드네."

"마트에서 먹은 음식이 왜 집에서는 맛이 없는 거야?"

"돈을 많이 만들면 모두가 부자가 되지 않을까?"

아이들의 마음은 호기심 천국이다. 눈에 보이는 것마다 궁금한 것 투성이다. 어린이집이나 학교에서 배우는 지식이 많아지면 그에 따라서 궁금한 것들도 늘어간다. 현재 교육과정에서는 초등학교 4학년 때 사회 교과서를 통해 경제를 배운다. 경제활동의 이유, 물건의 생산과정, 현명한 소비자가 되기 위한 방법 등을 다루는데, 학년이 올라갈수록 한층 더 차원 높은 경제개념을 배운다. 요즘에는 교과 간 통합교육이 이뤄지기 때문에 경제개념과 상식을 충분히 갖추지 않은 채 학년이 올라가면 어려움을 겪을 수도 있다.

학교에서 배운 지식을 일상생활 속에서 접할 때 아이들은 신기해하면서 궁금증이 생긴다. 그래서 앞서 이야기한 것과 같은 질문들을 던지게 되는 것이다.

좋은 부모라면 아이의 넘쳐나는 호기심을 잘 상대하고 격려해줘야 한다. 하지만 아이 눈높이에서 알기 쉽게 설명해준다는 것이 말처럼 쉽지만은 않다. 그렇다고 "넌 아직 몰라도 돼"라며 아이의 생각의 크기가 커가는 걸 막아서는 안 된다.

　이 장은 이런 고민을 하는 부모들을 위한 것이다. 아이들의 다양한 경제 관련 궁금증을 정리하고 그에 대해 부모가 할 수 있는 답변을 정리해 봤다. 교과서에 나오는 내용들을 실생활에서의 궁금증과 연결하고, 살면서 알아야 할 기본적인 경제상식과 TV나 신문에 자주 나오는 경제용어들을 풀어서 설명했다. 평소에 아이들의 질문에 난감했다면 이 장의 내용이 도움이 될 것이다.

　다시 한 번 강조하지만, 아이에게 경제지식을 가르치는 목적은 돈 버는 재주가 뛰어난 사람으로 만들기 위해서가 아니다. 돈에 끌려다니지 않고 주도하는 삶을 살게 하기 위해서다.

## Interest 1

# 둘 중 뭘 고를지
# 고민이야!

### 짜장면 먹을까? 짬뽕 먹을까?

아이와 점심을 먹으러 중화요리집으로 향했다. 누구나처럼 우리
역시 주문할 때마다 고민한다. '짜장면을 먹을까? 짬뽕을 먹을까?'

"짬뽕하고 짜장면 중에 뭘 시킬까? 난 둘 다 먹고 싶은데."

"엄마는 짜장면 먹고 싶은데….."

이렇게 짜장면과 짬뽕 사이에서 고민하는 이들을 위해 중화요리
집에서는 짬짜면을 개발했다.

그런데 짬짜면은 생각보다 사람들의 사랑을 받지 못한다. 왜 그

럴까? 짜장, 짬뽕 각각 양이 적어서 먹은 것 같지 않다는 게 이유다. 시각적으로도 짜장, 짬뽕 한 그릇씩 담겨 있는 것보다 덜 맛있어 보인다.

"둘 다 먹고 싶어. 짬짜면 말고. 어떻게 하지?"

고민하던 아이의 표정이 갑자기 환해졌다.

"이렇게 하면 어때? 엄마는 짜장면 곱빼기, 나는 짬뽕. 그렇게 해서 엄마가 나한테 짜장면을 나눠주면 되잖아."

"오, 좋은 생각이야. 그런데 네가 짬뽕 한 그릇 먹으면서 짜장면도 먹으려면 배부르겠다. 탕수육과 짜장면 세트로 시키려고 했는데, 무리겠지?"

"응, 무리야."

"좋아. 그럼 주문하자."

"그럼 탕수육 값을 아꼈으니까 대신에 후식으로 아이스크림 사 먹으면 어떨까?"

"그것도 좋은 생각이네."

우리는 기분 좋게 식사를 하고 후식까지 맛있게 먹었다.

**Sense** '선택'과 '포기'는 함께 다닌다

우리는 매일 일어나서 잠들기 전까지 수많은 선택과 결정을 한다. '지금 일어날까 vs. 나중에 일어날까', '이걸 먹을까 vs. 저걸 먹을까', '이 일을 지금 할까 vs. 나중에 할까' 등 일상은 선택의 연속이다. 어떤 선택을 하느냐에 따라 상황이 달라진다.

우리가 원하고 필요로 하는 것보다 실제로 가진 돈, 시간 등의 '자원'은 많지 않다. 즉, 욕구는 끝이 없는데 자원은 한정돼 있다. 그래서 우리에게는 좀 더 현명한 선택을 할 수 있는 지혜가 필요하다.

그렇다면 경제생활에 있어서 현명한 선택의 기준은 무엇일까? 먼저 필요인지 욕구인지를 구분하는 것이다. 그리고 좀 더 만족감을 줄 수 있는 방법이 있는지를 찾는 것이다. 나와 내 딸은 짜장면과 짬뽕을 함께 먹을 수 있는 방법을 궁리했고, 짬짜면보다 좀 더 현명한 선택을 할 수 있었다.

이렇게 뭔가를 선택하면 대신에 포기해야 하는 게 생긴다. 한정적인 자원을 적절하게 활용해야 하므로 모든 것을 다 가질 수는 없다. 우리는 짜장면과 짬뽕을 모두 먹기 위해서 탕수육을 포기했다. 여기서 탕수육 값을 '기회비용'이라고 한다. 경제에서 하나를 선택하느라 치른 대가, 어떤 선택으로 인해 포기한 기회가 가진 가치를 말한다. 딸은 탕수육을 포기함으로써 발생한 기회비용을 후식을 먹는 데 일부 사용했다. 맛있는 식사와 후식까지 챙김으로써 만족감을 배가시켰다.

선택한 것보다 포기한 것의 가치가 더 크다면 어떻게 될까? "아! 왜 그랬을까?"라고 후회한다. 따라서 우리가 경제활동을 할 때에는 잠깐의 만족감만 생각하지 말고 내가 얻을 이익을 좀 더 넓은 눈으로 바라보는 안목과 지혜가 필요하다.

---

**Teaching Point** Q A

**Q: 아이가 용돈을 잃어버렸다고 해요.**

**A:** 어디서 잃어버렸는지 물어보고 함께 찾아보세요. 처음 한두 번은 용돈을 다시 주더라도 다음부터는 단호하게 거절하세요. 그래야 스스로 주의하는 능력이 생깁니다. 또한 지갑을 항상 휴대하는 버릇을 들이면 좋습니다.

## Interest 2
# 옛날 돈인데
# 왜 비싸?

## 지금 사용하지 않는 돈을 비싸게 팔 수 있다고?

아이들 친할머니네 집수리를 하면서 몇십 년 전에 사용하던 500원짜리 지폐가 여러 장 나왔다. 할머니는 손주들에게 기념으로 나눠 주셨다. 500원 지폐에는 이순신 장군과 거북선이 큼지막하게 그려져 있었다.

"이거 잘 보관하고 있으면 나중에 비싸게 팔 수 있을 거야."

지금은 500원짜리 동전을 사용하고 있지만 옛날에는 500원짜리 지폐가 있었다고 알려주니, 아이들은 매우 신기해했다.

"엄마 어렸을 때 사용한 거 같은데 기억이 가물가물하네, 지금 보니 엄청 신기하다."

"이거 팔면 얼마나 받을 수 있는데?"

"아니 벌써 팔 생각부터 하는 거야?"

"그냥, 궁금해서 그런 거지."

"그럼 인터넷에서 검색해보자."

이순신 장군 도안의 500원 지폐는 1973년 처음 발행됐다고 한다. 상태가 양호하고 신권이라면 약 5,000원 정도의 가치가 있었다.

"그런데 엄마, 지금 사용할 수 없는 돈인데 사람들은 이걸 왜 사는 걸까?"

지금 사용하지 않는 돈이 신기하긴 해도 그 가치는 모르겠다는 듯 아이들은 고개를 갸웃거렸다.

## Sense '희소성'은 가치를 높인다
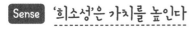

우리가 사용하는 물건이나 서비스에는 '가격'이 정해져 있다. 초콜릿 1개에 700원, 아이스크림 1,200원, 사우나 입장료 7,000원, 영화 10,000원 등이다. 가격은 물건이나 서비스의 가치에 따라 결정

**127**

되는데, 생산비용, 품질 등도 가격 형성에 영향을 미친다. 또한 가격은 오르기도 하고 내리기도 한다.

물건과 서비스의 가치는 어떻게 평가될 수 있을까? 물건이나 서비스를 사려는 사람의 '수요'와 물건과 서비스의 '공급'에 따라 달라진다. 사려는 사람은 많은데 물건과 서비스의 공급이 적으면 가격은 올라간다. 반대로 사려는 사람보다 공급이 많으면 가격은 떨어진다. 가격은 수요와 공급이 균형을 이루는 지점에서 결정된다.

다이아몬드나 금 등 보석이 비싼 이유는 부족한 물건의 양에 비해 많은 사람들이 갖고 싶어 하기 때문이다. 사려는 사람은 많은데 양이 한정된 재화를 '희소성이 있다'고 말한다. 경제활동에서 선택의 문제가 생기는 것은 바로 희소성 때문이다. 자원을 아껴 쓰고 낭비하지 않으려면 지혜로운 선택을 할 수 있어야 한다.

예를 들어, 오늘날 쉽게 구할 수 있는 후추가 중세 시대 유럽에서 양이 많지 않은데 원하는 사람들은 많아 사치품으로 취급됐다. 이처럼 시대와 장소에 따라 희소성은 달라진다.

희소성은 그 물건과 서비스가 '사람들에게 정말 필요한 것인가' 하는 판단과 상관없다. 물이 사람에게 절대적으로 필요해도 비싸지 않은 것을 보면 알 수 있다. 희소성은 '사람들이 얼마나 갖고 싶어 하는가', 즉 인간의 욕망과 관련이 있다.

할머니가 주신 옛날 돈도 마찬가지다. 옛날 돈에 관심을 갖고 소장하고 싶어 하는 사람들에 비해 지금까지 남아 있는 옛날 돈은 적다. 그래서 비싼 돈을 주고 옛날 돈을 사는 것이다.

**Q: 용돈을 받으면 금세 다 써버려요.**

**A:** 일일이 참견하지 말고 일단 지켜보세요. 계속 같은 일이 반복된다면 주로 어디에 쓰는지 확인하고 불필요한 지출이 있었는지 함께 이야기를 나눠보세요.

## Interest 3

# 광고에 연예인이 나오는 이유

### 인기 연예인이 광고하면 왜 많이 팔릴까?

작은아이는 방과 후에 방송 댄스를 배우러 다니고 유튜브에 나오는 동영상을 보면서 춤을 따라한다. 자신이 좋아하는 아이돌 그룹의 멤버 이름은 물론 생년월일, 취미, 좋아하는 음식 등을 모두 꿰고 있다.

어느날 작은아이가 좋아하는 가수가 쇼 프로그램에 나와서 MC와 대화를 나누는 걸 함께 지켜봤다. 그 가수는 그동안 번 돈으로 부모님에게 집을 사드렸다고 했다. 아이가 놀라워하면서 나에게 물었다.

"엄마, 저 언니는 어떻게 그 많은 돈을 벌 수 있었을까? 방송국에서 돈을 많이 주는 걸까?"

"인기 있으니까 그렇지, 인기가 많은 연예인은 출연료를 많이 받거든. 어떤 가수들은 콘서트를 열어서 입장료 수익도 벌지. 저 가수는 광고도 많이 찍었으니까 돈을 많이 벌었을 거야."

"맞아. 근데 다른 멤버들도 있는데 왜 저 언니만 광고에 많이 나올까?"

"제일 인기가 많잖아. 너도 저 언니가 광고한 과자 많이 먹지?"

"응. 내가 좋아하는 언니가 광고하는 거니까. 우리 반 애들도 엄청 많이 먹어. 근데 언니가 광고한 것 중에서 OO은 별로 마음에 안 들어."

"그래? 왜?"

"텔레비전에서 본 것보다 디자인도 안 좋고 친구들이 그러는데 금방 망가진대."

"그래? 그 제품 굉장히 잘 팔린다던데."

"팬들이 광고만 보고 많이 사니까 그래. 나도 그랬거든."

나는 아이에게 광고는 제품을 홍보할 목적으로 만드는 것이므로 광고 내용을 그대로 믿어서는 안 된다고 설명해줬다.

사람들은 연예인에게 관심이 많고 그들에게 열광한다. 기업들은 물건을 많이 팔아야 이익을 남길 수 있기 때문에 인기 있는 연예인을 모델로 '광고'를 만든다. 대중은 자신이 좋아하는 연예인이 광고하는 제품에 호감을 갖고 구입하게 된다. 많이 살수록 그 연예인의 광고료는 올라간다. 우리가 지불하는 물건 값이나 서비스료에는 연예인에게 지불하는 광고비까지 포함돼 있는 것이다.

광고는 물건이나 서비스를 홍보할 목적으로 만들어진 것이므로 정확한 정보를 파악하기 쉽지 않다. 멋진 외모의 연예인이 잘 꾸며진 공간에서 화려한 조명을 받으며 제품을 소개하기 때문에 굉장히 좋은 제품이라고 인식하기 쉬우나 질이 떨어지거나, 나에게 맞지 않는 경우가 많다.

제품을 정확히 알기 위해서는 실제로 그것을 사용해본 소비자의 후기를 인터넷에서 알아보는 것이 좋다. 또한 가족이나 주변 친구들을 통해 장단점을 들어보고 판단하도록 하자. 이것이 '똑똑한 소비자'가 되는 방법이다. 우리나라는 물건을 구입하고 사용할 때 소비자의 권리를 법으로 보장하고 있다.

- 상표, 가격, 구입 장소 등을 자유롭게 선택할 권리

- 물건을 사용하면서 발생한 피해에 대한 보상을 받을 권리

- 자신의 권리를 보호하기 위해 단체를 만들어 활동할 수 있는 권리

- 물건을 만든 회사에 자신의 의견을 말할 수 있는 권리

- 물건을 사는 데 필요한 정보를 제공받을 권리

- 안전하고 깨끗한 환경에서 물건을 살 권리

우리는 소비자로서의 권리를 생각하면서 돈을 써야 한다. 품질이나 가격을 따져보지 않고 광고만 보고 사면 그 피해는 고스란히 소비자가 입는다. 물건을 사는 소비자가 똑똑해야 기업이 제대로 된 물건을 만든다. 소비자가 광고만 보고 물건을 산다면 기업은 오직 광고를 만드는 데만 돈을 쓸 것이다.

------------------------------------- **Teaching Point** Q A

**Q: 용돈을 다 썼는데 꼭 쓸 일이 있다며 더 달라고 해요.**

A: 우선은 용돈 받는 날까지 기다리는 것이 원칙이라고 확인시켜줍니다. 아이가 지출하고자 하는 이유를 들어보고 타당할 경우 돈을 빌려주세요. 대신 다음 용돈 지급 때 차감하거나, 홈 알바를 통해 반드시 돈을 갚게 합니다. 이 과정에서 용돈을 계획성 있게 써야 한다는 점을 깨우치게 됩니다.

## Interest 4
# 엄마가 집에
# 있으면 좋겠어

### 왜 엄마도 직장을 다녀야 해?

아이가 밤새 열이 나고 아팠던 다음날 학교 강의가 있었다. 아침
이 되어도 아이의 상태는 나아지지 않았다. 마음이 무거웠지만 그래
도 수업에 늦으면 안 되니 서둘러 준비를 했다.

"엄마, 오늘 수업 안 가면 안 돼?"

아이가 닭똥 같은 눈물을 뚝뚝 흘리니 더욱 마음이 아팠다.

"할머니가 오실 거야. 약 잘 먹고 푹 쉬어."

아이가 아프면 발걸음이 무겁고 마음이 짠하다.

"친구들 보면 아빠만 회사 다니고 엄마는 일 안하는 집도 많은데, 왜 꼭 엄마는 일을 해야 해?"

"엄마는 일해서 돈을 벌고 학생들을 가르치며 보람을 느껴. 엄마가 번 돈으로 우리 생활에 보탬이 되는 것도 좋아. 엄마는 우리 딸이 소중하지만 엄마의 일도 소중해."

"나는 엄마가 필요하단 말이야!"

평소에도 아이는 엄마가 일하는 것에 대한 불만을 토로했다. 그런데 몸이 아프니 더 불만이 커진 것 같았다. 아이에게 내 입장을 설명하고 어머니께 아이를 당부하고 나왔지만, 마음이 좋지 않았다.

### Sense 사람은 '생산 활동'을 한다

사람이 살아가는 데는 필요한 것이 많다. 쌀, 야채, 과일 등의 음식과 비누, 치약, 휴지 등 생필품 그리고 옷, 가구, 집이나 자동차 등 셀 수 없을 정도다. 이런 물건(눈에 보이고 만질 수 있는 것)을 '재화'라고 하는데, 이것들을 만들거나 얻기 위해 일하는 것을 '생산 활동'이라고 한다.

생산 활동으로 물질적인 재화가 아닌 다른 것을 만드는 사람들도 있다. 아픈 사람을 치료하거나, 법률적 문제를 해결하는 사람, 문화 예술을 하는 사람, 종교인, 청소부 등 필요한 행위를 제공하는 것이다. 이를 '서비스'라고 한다. 이는 경제학적 의미이며, 일상에서 사용하는 서비스의 의미와 다르다. 일상에서는 고객이 제공받는 편의를 서비스로 지칭한다.

엄마 아빠는 여러 가지 생산 활동을 통해 돈을 벌고 그 돈으로 가정의 살림살이를 꾸려나간다. 부모가 돈을 벌지 않으면 가족은 정상적인 생활을 이어갈 수 없다. 그래서 힘들지만 밖에 나가서 열심히 일하는 것이다.

아이들 입장에서는 엄마까지 일하는 게 불만일 수 있다. 나이가 어릴수록 엄마가 곁에 있었으면 하는 욕구가 크다. 부모는 아이의 이런 마음을 이해해줘야 한다.

집집마다 경제 상황이 다르고 부모가 목표하는 바도 다르다. 그래서 다른 집과 같을 수 없음을 설명해줘야 한다. 아이가 곧바로 수긍하진 않겠지만 인내심을 가지고 부모의 입장을 꾸준히 알려주는 게 필요하다.

일하는 목적을 설명할 때 두 가지로 구분해주는 게 좋다. 일차적인 목적은 돈을 벌기 위해서지만, 그것만큼 중요한 목적이 자아실현이다. 부모가 생계를 위해서 억지로 일한다고 하는 것보다 즐겁고 행복해서 일하는 것이라고 말해줘야 한다.

"엄마는 일이 참 소중하고 즐겁단다. 물론 하다 보면 힘들 때도 있어. 하지만 정말 좋아하는 일이기에 힘든 것도 이겨낼 수 있어."

자신의 직업에 대한 부모의 긍정적인 생각은 아이가 바람직한 직업관을 갖는 데 도움이 된다.

---

Teaching Point **Q** **A**

**Q: 친구의 용돈이 많다고 부러워하며 용돈을 올려달래요.**

**A:** 먼저 친구의 용돈 액수와 사용범위를 알아보라고 하고 집집마다 생활수준이 다르고 부모의 돈에 대한 생각이 다르다는 것을 이해시켜 주세요. 그런 후에 아이의 용돈사용처와 사용내역을 재점검하고 적정 수준의 용돈 액수를 상의해보길 권합니다.

## Interest 5

# 많이 먹으면
# 행복할까?

### 왜 많이 먹을수록 맛이 없어지지?

남편의 생일을 앞두고 모처럼 마트에 가려는데 남편과 딸아이도 따라나선다. 장 볼 때 우르르 가지 않는 게 원칙이지만 남편은 워낙 돈을 안 쓰는 성격이고 딸도 다년간의 용돈교육으로 충동구매를 잘하지 않기 때문에 함께 갔다.

고기를 사려고 했는데, 정육 코너에서 마침 원 플러스 원 행사를 했다. 평소 가격과 동일한데 한 개를 더 얹어준다고 하니 기분이 좋았다. 아이는 시식코너 불판에 구워진 고기 한 점을 입에 넣으며 연신 "맛있다"고 감탄했다. 고기를 카트에 담고 장보기 목록에 있는 다른 물품을 사서 기분 좋게 집으로 돌아왔다. 원 플러스 원이니 그야말로 배 부르게 포식하겠구나 싶었다.

상을 차리고 가족 모두 둘러앉았다. 고기가 불판에서 지글지글 익자 아이는 고기를 입안에 넣었다. 그런데 두세 번 집어먹더니 점점 젓가락을 움직이는 횟수가 줄어들었다.

"왜 그래? 벌써 배불러?"

"아니, 그게 아니고… 왜 마트에서보다 맛이 없지?"

"뭐야. 아까 마트에서는 불판까지 삼킬 것처럼 맛있게 먹더니."

"원 플러스 원이라서 잔뜩 먹어야겠다고 생각했는데, 이상하네."

똑같은 고기인데, 왜 아이의 입맛이 달라진 걸까?

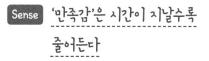 

### Sense '만족감'은 시간이 지날수록 줄어든다

마트 시식코너에서 먹는 건 모두 맛있다. 그래서 대부분 구입하게 된다. 하지만 막상 집에 와서 먹으면 마트에서 먹었던 그 맛이 아니다. 처음 한 입은 맛있지만, 먹을수록 만족감은 줄어든다. 배고플 때는 피자 한 판을 다 먹을 것 같지만 처음 한 조각이 가장 맛있고, 먹을수록 만족감이 떨어진다. 이것을 경제용어로 '한계효용 체감의 법칙'이라고 한다.

'한계효용'이란 재화나 서비스를 한 번 이용할 때 사람이 느끼는 만족감(효용)의 한계를 말한다. 재화나 서비스를 처음 이용할 때에는 만족감이 크지만 자꾸 이용할수록 만족감의 강도가 줄어든다는 것이다.

명품 OO브랜드의 가방을 너무나 갖고 싶은 여성이 있었다. 돈을 모아서 마침내 OO브랜드 가방을 샀을 때 뛸 듯이 기뻤다. 얼마 후 그녀는 남편으로부터 OO브랜드 가방을 선물 받았다. 기분이 좋았지만 처음 그 가방을 샀을 때만큼은 아니었다. 뒤이어 그녀의 언니가 자신이 쓰던 OO브랜드 가방을 주었다. 이제 그녀에게 OO브랜드 가방은 더 이상 특별한 기쁨으로 와닿지 않는다.

아무리 좋아하던 것도 반복해서 이용하면 만족감은 줄어든다. 좋아하는 가수의 신곡을 처음 들었을 때의 감동 역시 반복될수록 무뎌진다.

이처럼 한계효용 체감의 법칙은 우리가 재화나 서비스를 구입할 때 굳이 비싼 것을 살 필요가 없다는 사실을 증명해준다. 아무리 비싸고 고급스러운 물건이라도 결국은 흥미를 잃어버리고 만다.

이 법칙을 경제교육에 적용하자면, 아이가 아무리 떼를 써도 고가의 장난감은 사줄 필요가 없다는 것이다.

## Interest 6

# 돈보다
# 카드를 쓰는 게 나을까?

### 놀이동산 입장료를 깎아주는 카드가 있어?

방학을 맞이한 아이들이 놀이동산에 가자고 했다. 나는 자유이용권을 저렴하게 구입하기 위해 남편에게 할인이 가능한 카드를 가지고 있는지 물어봤다.

"내 카드보다 더 할인 혜택이 좋네. 그럼 그 카드로 결제할게."

옆에서 대화를 듣고 있던 작은딸의 눈이 동그래졌다.

"카드를 사용하면 자유이용권 가격을 반이나 깎아준다고? 우와.
신용카드는 굉장히 좋은 거구나."

"맞아. 편리하고 좋은 점이 있지. 지금 당장 돈이 없어도 신용카드만 있으면 사고 싶은 것을 살 수 있으니까. 그런데 무조건 좋기만 한 건 아니야. 세상에 공짜는 없거든."

"무슨 말이야?"

"신용카드를 사용하려면 연회비로 일 년에 한 번 일정 금액을 내야 해. 그리고 매월 일정 금액 이상을 사용해야만 혜택을 받을 수 있어. 신용카드가 제공하는 서비스가 공짜는 아닌 거지."

"그렇구나. 무조건 좋기만 한 건 없다는 거네."

"편하고 할인혜택이 있다고 마구 쓰다 보면 요금청구서를 받고 기절할지도 몰라. 조심해야 해. 그래서 엄마는 체크카드 위주로 사용하고 있어."

"체크카드는 뭐야? 신용카드랑 달라?"

아이는 카드에 여러 가지 종류가 있다는 것에 흥미를 가졌다. 신용카드는 분명 장점이 있지만, 알뜰한 경제활동을 해나가는 데 문제가 될 때도 많다. 실제로는 돈이 없는데도 물건을 살 수 있기 때문에 소비를 부추기는 경향이 있다. 그래서 특별한 경우를 제외하고는 아이 앞에서 신용카드보다 체크카드나 현금을 사용하는 모습을 보이는 것이 좋다.

**Sense** 카드, 편리하지만 요술방망이는 아니다

'신용카드'는 사람의 경제적 신용도를 바탕으로 현금처럼 사용되는 카드다. 신용카드사에서 고객이 구입한 재화나 서비스의 값을 미리 지불하고, 고객에게 나중에 청구하는 것이다. 쉽게 말해 돈을 빌려쓰는 것이다. 따라서 돈을 빌리는 데 대한 이자(수수료)를 내야 한다.

신용카드로 물건을 살 때 그 돈을 갚는 방법을 선택할 수 있다. 한 번에 갚을 수도 있고(일시불), 몇 개월에 걸쳐 나눠 갚을 수도 있다(할부). 신용카드로 30만 원짜리 코트를 사고 3개월 할부를 선택하면 매월 원금 10만 원과 10만 원에 해당하는 이자를 더해서 갚아야 한다.

'체크카드'는 통장계좌의 잔액 한도 내에서 사용하는 카드다. 대형마트에서 5만 원어치 장을 보고 체크카드로 결제하면 즉시 통장의 잔고에서 5만 원이 빠져나간다. 신용카드처럼 돈을 가지고 다닐 필요 없이 결제할 수 있어 편리하지만 통장에 있는 돈 이상은 쓸 수 없기 때문에 신용카드처럼 빚을 지는 게 아니고, 연회비도 없다.

카드사 입장에서는 고객이 신용카드를 많이 이용하는 게 이득이므로 신용카드에 각종 혜택을 제공한다. 체크카드는 신용카드에 비하면 혜택이 적지만 그래도 어떤 서비스가 있는지 살펴보는 게 좋다.

신용카드나 체크카드 모두 편리함을 위해 만들어졌다. 특히 신용카드는 당장 돈이 없어도 원하는 물건을 살 수 있는 도구이므로, 절제하지 않으면 과소비하기 쉽다. 아이들과 함께 쇼핑할 때 신용카드보다 체크카드를 사용하면서 카드의 차이점을 알려준다. 때로는 현금을 사용함으로써 물건의 값어치와 돈의 크기를 체감하도록 해주는 게 좋다.

학교 도서관에서 책 빌리는 것을 '대출'이라고 하고 제때에 반납하지 않는 것을 '연체'라고 하며 책을 제때 반납하지 않으면 연체한 날짜만큼 책을 빌리지 못하는 불이익을 당한다. 신용카드를 사용하는 것도 마찬가지다. 빌린 돈을 연체하면 갚아야 할 이자가 늘어난다. 잘 사용하면 편리하지만, 잘못 사용하면 독이 될 수도 있음을 기억해야 한다.

Teaching Point

**Q: 외출할 때마다 꼭 사달라고 떼쓰는 물건이 생겨요.**

**A:** 갖고 싶은 걸 다 가질 수 없다는 점을 설명하고 다음 번 외출 전까지 이 점을 다시 한 번 말해 줍니다. 그리고 갖고 싶은 물건은 아이가 자신의 용돈을 모아서 구입할 수 있도록 합니다.

## Interest 7

# 1,000원은
# 미국 돈으로 얼마일까?

### 왜 돈의 가치가 계속 변할까?

아이들과 미국에서 몇 개월 지낸 적이 있었다. 이것저것 준비하고 계획을 세우면서도 가져갈 돈의 환전은 미뤘다. 당시 달러 가격이 매일 올랐기 때문이다. 환전할 타이밍을 잡기 위해 매일 환율표를 확인했다. 우리나라 돈과 미국 돈의 가격을 본 아이가 물었다.

"엄마, 우리나라 돈은 오늘 1,000원이면 내일도 1,000원인데 왜 미국 돈은 자꾸 달라져?"

"그건 말이지. 네가 우리나라 돈을 기준으로 미국 달러의 가치를 보니까 그런 거야. 미국 달러를 기준으로 하면 우리나라 돈의 가치가 달라지는 거지."

"그렇구나. 매일 이렇게 달라지는 게 신기하다."

"맞아. 우리나라 돈 1,000원과 미국 돈 1달러랑 바꾸면 참 편할 텐데 그렇게 할 수가 없어. 왜냐하면 나라마다 돈이 다르고, 그 돈의 가치는 그 나라의 경제상황이나 세계 경제상황에 따라서 계속 달라지거든. 과일이나 고깃값도 자꾸 변하지? 화폐도 매일 가격이 변하는 '물건'이라고 생각하면 이해하기 쉬워."

아이는 고개를 끄덕였다. 그날부터 딸들은 나와 함께 환율을 챙겨봤고, 달러 가격이 내려간 순간을 포착해 환전을 했다.

## Sense 경제상황에 따라 화폐의 힘은 달라진다

우리가 돈이라고 말하는 것, 지폐와 동전을 경제학 용어로 '통화'라고 한다. 나라마다 다른 돈을 쓴다. 우리나라 돈의 단위는 원이고 미국은 달러, 중국은 위안, 유럽연합은 유로, 일본은 엔이다. 다른 나라로 갈 때는 우리나라 돈을 그 나라 돈으로 바꿔야 하는데, 이를 '환전'이라고 한다. 그리고 돈을 서로 교환하는 비율을 '환율'이라고 한다. 통화의 환율은 그 나라의 경제 상황에 따라 달라진다. 우리 돈을 다른 나라 돈으로 환전하고 싶을 때는, 그 나라 환율이 높을 때보다 낮을 때가 유리하다.

국가마다 다른 통화를 쓰기 때문에 국가 간에 무역을 할 때 주고받을 수 있는 통화가 필요하다. 전 세계에 통용되는 국제통화로는 미국의 달러와 영국의 파운드, 금을 들 수 있는데, 대체로 달러가 많이 쓰인다. 이것을 '기축통화'라고 한다.

국제 무역을 하기 위해 각 나라는 충분한 달러를 보유하고 있어야 하는데, 이를 '외환보유고'라고 한다. 1997년 우리나라는 국가적 위기를 겪었다. 무역을 하면서 다른 나라에 갚아야 할 외환이 부족했다. 그래서 국제통화기금(IMF)에 지원을 요청해서 구제금융을 받았다. 우리나라 달러가 부족해 국제기구에서 돈을 빌려온 것이다. 이후 빌린 돈을 갚기 위해 국민 모두 허리띠를 졸라맸고 2000년 8월에 이르러서야 모두 갚았다.

------------------------------------------ Teaching Point Q A

**Q: 아이가 홈 알바를 하다가 매번 그만둬요.**

**A:** 아이의 연령에 적당한 집안일인지 살펴보고 계속 그러면 홈 알바를 중단하는 이유를 물어보세요. 홈 알바의 종류를 아이가 관심을 가질 수 있는 선으로 조정하거나 알바비 금액에 대해 상의해봅니다.

## Interest 8

# 돈을 많이 만들면
# 모두 부자가 되지 않을까?

### 돈을 계속 많이 만들어서 나눠주면 안 될까?

TV에서 경제위기를 겪고 있는 나라의 어린이들 생활이 소개됐다. 관심을 갖고 시청하던 두 딸이 이런 이야기를 했다.

"저렇게 힘들게 사는 사람이 많은데 왜 돈을 조금만 만들까? 많이 만들어서 사람들에게 나눠주면 다 잘 살 수 있을 텐데 말이야."

"맞아. 엄마도 어릴 때 집집마다 돈 나무가 있어서 열매 열리듯 돈이 주렁주렁 열렸으면 좋겠다는 생각을 했어. 필요할 때마다 쓰고, 다 쓰면 또 돈나무에 돈이 열리면 얼마나 좋을까 하고 말이야."

"그건 불가능한 일이잖아."

"엄마 어렸을 때는 형제도 많고 지금보다 다들 가난하게 살았던 때라 그런 생각을 했던 거 같아."

"돈나무는 불가능하지만, 돈을 많이 만드는 건 가능하지 않을까? 다 부자가 될 수 있을 테니 말이야."

가난한 사람을 생각하는 아이의 마음이 기특했다. 하지만 돈의 가치가 변한다는 점을 설명하려니 만만치 않았다. 결론부터 말하자면, 나라에서 돈을 많이 만들어내는 것은 가능하지만 그러면 돈의 가치가 떨어진다. 돈을 많이 만들어 모두에게 나눠주면 모두가 부자가 되는 게 아니라 돈의 가치가 떨어져 아무리 많은 돈을 주고도 물건을 못 사는 상황이 벌어진다.

### Sense 돈을 무턱대고 찍어내면 상황은 더 악화된다

돈을 많이 만들면 좋을 것 같지만, 현실은 그렇지 않다. 마구잡이로 돈을 찍어내다가는 경제가 엉망이 된다. 그래서 나라마다 돈을 얼마나 만들 것인지를 조절하는 기관이 있다. 바로 '중앙은행'이다.

한 국가에서 일정 시점에 시중에 유통되는 돈의 양을 '통화량'이라고 한다. 우리나라의 중앙은행은 한국은행인데, 이곳에서 다양한 경제 상황을 고려해 통화량을 조절한다. 한국은행에서 통화량을 조절하고, 한국조폐공사에서 돈을 만든다.

아프리카의 짐바브웨라는 나라는 2008년에 엄청나게 물가가 상승해서 계란 3개를 사는 데 자그마치 1,000억 짐바브웨달러가 필요했. 왜 이런 일이 일어났을까? 짐바브웨의 중앙은행에서 돈을 너무 많이 찍어내서 시중에 돈이 넘쳐났기 때문이다. 당연히 돈의 가치가 떨어져서 휴지처럼 쓸모가 없게 되었다.

시중에 통화량이 많아져 돈의 가치가 떨어지고 물건 값이 지속적으로 오르는 현상을 '인플레이션'이라고 한다. 1923년 독일은 세계 경제사에 길이 남을 심각한 인플레이션을 겪었는데, 화폐 가치의 폭락으로 돈을 난로의 땔감으로 사용했을 정도였다. 이렇게 통화량을 조절하지 못하면 경제에 큰 악영향을 주기 때문에 주의해야 한다.

---

**Teaching Point** Q A

**Q: 여행 중 가는 곳마다 계속 물건을 사고 싶어 해요.**

**A:** 여행지에서 가족이 쓸 돈의 예산을 미리 정해 공유하세요. 아이가 별도로 사용할 수 있는 용돈을 정해주는 것도 좋습니다.

제3장 우리 아이 부자로 만드는 자신만만 경제상식

## Interest 9

# 아빠를 울고 웃기는
# 주가가 궁금해!

### 주식투자를 하면 돈을 많이 벌 수 있다던데?

학교에 다녀온 딸아이가 친구 이야기를 들려줬다. 친구 아빠가 고가의 브랜드 운동화를 사줬다며 자랑했단다. 평소에 사달라고 아무리 떼를 써도 사주지 않더니 갑자기 사오셨다고 한다.

"그래? 회사에서 보너스를 받으셨나 보다."

"그건 아니고, 뭐라고 하더라… 주식이 올랐다나 봐. 그래서 기분 좋아서 사주신 거래."

"아 그렇구나. OO아빠가 주식투자를 하시는가 보네."

"그거 맞아. 책에서 본 적이 있어. 그럼 어린이도 주식투자할 수 있어? 나도 주식하면 돈을 많이 벌 수 있을 것 같은데."

"어린이는 부모님과 함께 증권회사에 가서 신청하면 주식을 거래할 수 있어. 그런데 주식을 산다고 해서 무조건 다 돈을 버는 건 아니야. 주식으로 돈을 벌 수도 있지만 반대로 투자한 돈을 잃을 수도 있어. 주식의 가격이 언제 오르고 내리는지를 안다는 게 쉬운 일은 아니거든. 그래서 주식에 대해 많이 공부하고 경제상황도 볼 수 있어야 해."

"아, 그렇구나!"

누군가 돈을 벌었다는 이야기를 들으면 나에게도 그런 행운이 찾아오지 않을까 라는 희망을 갖기 마련이다. 많은 투자가 그런 희망으로 이뤄진다. 하지만 투자를 하기 전에 먼저 주식이 무엇인지 제대로 알 필요가 있다.

 주식투자,
벌 수도 잃을 수도 있다

회사를 만들려면 가장 필요한 것이 돈이다. 예를 들어 내가 빵을

너무 잘 만들어서 빵 회사를 만들고 싶다면 어떻게 할까? 빵 만드는 기계를 사야 하고, 가게도 빌려야 하고, 직원도 뽑아야 하고, 컴퓨터와 각종 집기도 마련해야 한다. 돈 들어갈 곳이 엄청 많다. 대부분의 경우 가진 돈만으로는 턱없이 부족하다. 이럴 때 '주식'이라는 걸 만들어서 회사에 투자할 사람들에게 팔 수 있다. 여기서 주식은 주식회사를 만드는 데 필요한 돈을 공급해주는 방법이고, 이런 주식을 소유한 사람들을 '주주'라고 한다. 주주는 주식을 가진 만큼 그 회사에 권리를 행사할 수 있다. 주식을 갖고 있는 주주의 의견은 회사 사장도 경청해야 한다.

주식의 가격을 '주가'라고 하는데, 롤러코스터처럼 오르락내리락을 반복한다. 주식을 사는 사람이 많으면 오르고 팔려는 사람이 많으면 내려간다. 여기에 환율, 물가, 국제정세, 금리, 국내 상황 등 다양한 요인이 복합적으로 작용하기 때문에 주식 가격을 예측하기는 쉽지 않다. 그럼에도 불구하고 주식을 투자하는 이유는 팔 때 이익(시세차이)과 회사가 1년 동안 벌어들인 이익의 일부를 주주들에게 나눠주는 '배당금' 때문이다.

저축을 하려면 은행에 가서 통장을 만들고 돈을 넣어 놓는다. 이처럼 주식투자를 하고 싶다면 증권회사에 가서 통장을 만들어 돈을 넣고 투자하고 싶은 회사의 주식을 사겠다고 주문하면 된다. 지금은 증권회사에 가지 않아도 모바일이나 PC로 거래할 수 있다. 이렇게 주식은 개인이 직접 회사를 정해서 투자하는 방식이다.

주식투자를 하는 또다른 방법으로 '펀드(fund)'에 가입하는 것도 있다. 펀드의 원래 뜻은 '특정한 목적을 위한 기금'이다. 예를 들어 어떤 지역에 큰 사고가 났을 때 피해를 입은 사람들을 돕기 위해 모금하는 돈도 펀드다. 그런데 투자에서의 펀드는 누군가를 돕기 위한 게 아니라, 돈을 버는 것이 목적이다. 돈을 벌고자 하는 여러 사람들의 돈이 모이면 전문 투자 기관에서 적당한 곳을 찾아 투자를 해서 이익금이 발생하면 투자자들에게 배당금을 나눠준다. 이때, 투자 기관은 투자자 대신 투자를 해주는 대가로 수수료를 가져간다.

이처럼 펀드는 주식과 달리 직접 투자가 아니라 간접 투자 방식이다. 펀드는 증권회사 외에 일반은행에서도 가입할 수 있으며, 전문가인 펀드매니저라고 해도 손해를 볼 수 있고 수수료도 발생한다는 것을 염두에 두어야 한다.

자신이 가진 주식이나 펀드의 가격이 오르면 좋겠지만, 떨어질 수도 있으니 투자할 때는 경제상황과 주가 변동을 면밀히 살피면서 신중하게 해야 한다.

주식투자는 지출과 달리 잘하면 돈을 많이 벌 수 있지만, 잘못하면 가진 돈을 잃을 수도 있다. 지갑이나 돈을 잃어버린 경험이 있다면 그것이 얼마나 속상한 일인지 잘 알 것이다. 따라서 투자를 할 때 막연히 돈벼락을 꿈꾸기보다 시장상황과 그 회사의 경영상태 등을 꼼꼼하게 알아보고 현재의 가치보다는 미래의 가치를 생각하고 성장 가능한 기업에 투자해야 한다.

그리고 무엇보다 주식이나 펀드투자 이전에 돈에 대한 생각과 기준을 세우고 계단을 오르듯 올바른 소비습관을 들이고 저축하는 과정을 거쳐야 한다. 더불어 사회현상에 관심을 갖고 사회와 세상에 행복한 변화를 줄 수 있는 회사를 찾아 투자하는 노력도 필요하다.

------------------------------ Teaching Point **Q A**

**Q: 실속 있는 상품이 아니라 유행하는 비싼 물건을 골라요.**

**A:** 꼭 필요한 것인지 아이 스스로 따져보게 하세요. 그럼에도 불구하고 갖고 싶은 마음이 크다고 한다면 꼭 자신의 노력으로 살 수 있게 도와주세요. 용돈을 아끼거나 홈 알바를 통해서 성실하게 돈을 모으면 부모가 조금 지원해주는 것도 방법입니다.

**Interest 10**

# 로또에 당첨되면
# 참 좋겠어!

## 사람들이 로또를 구입한 돈은 어떻게 쓰일까?

가족 모두 차를 타고 가다가 신호등이 빨간색으로 변해 잠시 도로에 멈춰 섰다. 차창 밖으로 '로또 1등 당첨 20번'이란 현수막이 내걸린 상점 앞에 사람들이 길게 줄 선 것이 보였다.

"와, 저기 사람들 좀 봐. 로또 1등 당첨 20번이 정말일까?"

"진짜니까 걸어놨겠지."

"만약 내가 로또 1등에 당첨되면 돈을 정말 잘 쓸 텐데. 수영장 있는 집도 사고 좋은 차도 사고 가족들에게 나눠주고 말이야."

딸들이 재잘대는 소리를 듣고 남편이 말했다.

"혼자 갖지 않고 나눠준다고 해서 고마워. 그런데 미성년자는 로또를 살 수 없단다."

"정말? 진짜 아쉽다. 당첨만 되면 완전 잘 쓸 수 있는데!"

"근데 엄마, 저 많은 사람들이 로또를 사면 돈이 엄청나게 모일 텐데, 그 돈은 누가 어떻게 사용하는 거야?"

아이들이 로또에 관심을 보이는 게 신기했다. 물어보니, 로또에 당첨돼 대박 나면 좋겠다고 생각하는 아이들이 많단다. 어른들이 로또에 대한 꿈을 꾸고 TV에서는 로또 추첨 방송을 하니 모를 리 없었을 것이다. 그동안 나는 로또가 아이들과는 무관한 경제 주제라고 생각했는데 아이들에게 경제개념을 설명하기 좋은 또다른 소재였다.

 **희박한 행운에 목숨 걸지 말아야 한다**

우리가 흔히 로또라고 부르는 '복권'은 종이에 숫자를 적어 넣는 것으로, 자신이 직접 번호를 지정해서 적거나 기계를 통해 번호를 부여받는 방식이 있다.

우리나라에는 가장 인기 있는 로또를 비롯해 연금복권 등 몇 종류의 복권이 있다. 당첨되면 해당 금액에서 세금을 공제하고 지급받는다. 당첨금 5만 원 이하는 세금을 떼지 않지만, 그 이상이면 세금이 있다. 로또의 당첨금은 과거에는 KB국민은행에서 지급했으나, 현재는 농협으로 바뀌었다.

복권 구입 금액의 40퍼센트 이상으로 조성된 복권기금과 사람들이 수령하지 못한 당첨금 등은 국민체육진흥, 사회복지 지원, 소외계층 등 '공익사업'에 쓰인다. 인류역사를 살펴보면 복권 발행을 통해 국가 재정 위기를 극복하거나 큰 규모의 공사비로 사용했던 사례를 볼 수 있다. 세금은 강제성이 있지만 복권은 자발적으로 구입하는 것이기에 정부 입장에서는 돈을 모으기가 훨씬 수월하다.

로또 수익금이 좋은 일에 사용된다고 하지만, 사실 좋은 일을 하기 위해 로또를 사는 사람은 없다. 좋은 일을 하고 싶다면 기부나 후원을 하면 된다. 로또를 구입하는 사람들의 목적은 돈벼락이지만, 1등에 당첨될 확률은 벼락 맞을 확률보다 낮다. 심심풀이로 어쩌다 한 번 하는 건 모를까, 내 인생을 불확실한 행운에 의지한다면 그것만큼 허황된 일도 없을 것이다.

세상일이란 게 좋기만 한 것도, 나쁘기만 한 것도 없다. 모두가 돈벼락을 원하지만 온갖 불행을 동반하기도 한다. 역대 당첨자 들 중에는 당첨금을 두고 가족 간 불화가 일어나거나, 흥청망청 사용해 파산하는 경우가 심심찮다. 사람의 끝없는 욕심을 채우기에는 수십억, 수백 억도 부족하고, 쉽게 번 돈은 당연히 쉽게 쓰게 된다.

나의 노력으로 정직하게 돈을 벌어서 똑똑하게 불리자. 우리가 아이에게 경제교육을 하는 가장 큰 목적은 바로 이런 자세를 가르치기 위해서다.

------------------------------------------------- Teaching Point Q A

**Q: 아이의 경제교육을 위해 은행에 함께 가고 싶지만 시간이 없어요.**

**A:** 부모가 통장을 만들어 아이에게 주고 아이가 저축할 때마다 인터넷뱅킹으로 이체하고 확인시켜주세요. 아이가 고학년이라면 ATM사용법을 알려주고, 한두 달에 한 번 정도는 통장을 직접 정리하도록 합니다.

## Interest 11

# 왜 병원비를
# 보험회사에서 보상해주나요?

### 놀다가 다쳤는데 병원비가 많이 나올까요?

둘째가 초등학교 저학년 때의 일이다. 토요일 오후에 아이 친구들이 놀러왔다. 쪼르륵 방으로 들어가더니 시끌시끌, 조잘조잘, 하하호호 소리가 넘쳐났다. 아이들이 신나게 노는 소리에 나도 덩달아 흥이 났다. 그런데 한참 만에 방문을 열고 나온 딸의 표정이 금방 울음을 쏟아낼 기색이다.

"왜 그래? 무슨 일이야?"

"의자 돌리며 놀다가 부딪혀 넘어졌어."

같이 놀던 친구들도 걱정스러운 얼굴로 따라나왔다.

"조심히 놀아야지. 어디 보자."

"다리가 너무 아파. 못 움직이겠어."

친구들을 돌려보내고 아이를 자세히 살펴봤다. 방에서 걸어 나온 걸 보면 심각한 이상이 생긴 건 아닌 것 같았지만 혹시나 해서 물었다.

"좀 누워 있다가 많이 아프면 병원 가볼까?"

"수술해야 하는 거야? 그럼 엄청 아플 텐데. 병원비도 많이 나오고…."

"수술할 정도는 아닌 거 같아. 우리 공주님, 병원비 많이 나올까봐 걱정하는 걸 보니 효녀네."

아이를 진정시키고 함께 병원에 갔다. 인대가 놀라서 그렇다며 며칠 치료를 받으면 된다고 했다.

"진료비는 생각보다 많이 안 나왔어. 다행히 네 이름으로 가입한 보험이 있으니 보험회사에 청구하면 될 거야."

평소 경제교육 덕분에 보험이나 보험회사에 대한 기본개념을 알고 있던 딸이 물었다.

"내 이름으로 보험을 가입했어? 그럼 보험회사에서 치료비를 다 내주는 거야?"

"전부는 아니고 일부야."

"신기하다. 그럼 막 다쳐도 걱정 없겠네."

"하하, 보험 있다고 해서 막 다치면 되겠어?"

### Sense 만일의 위험을 대비하는 '보험'

아이들을 키우다 보면 생활 속에서 만날 수 있는 위험이 많다. 그래서 놀이터에서 놀 때나 전기제품을 사용할 때는 안전수칙을 지키고, 자전거를 탈 때는 안전모를 착용하고, 자동차를 탈 때는 안전띠를 메고, 물놀이할 때는 위험한 곳에 가지 않고 구명조끼를 입어야 한다. 어른들은 아이들에게 일상생활 가운데 겪게 될지 모르는 위험한 상황에서 어떻게 행동해야 하는지, 안전 수칙은 어떤 것이 있는지 알려줘야 한다. 그리고 아무리 조심해도 모든 위험을 막을 수 없으니 이를 대비하기 위해 '보험'에 가입한다. 보험은 미래에 일어날지도 모르는 사고에 대비하는 상품이다.

위험이 많으니 보험의 종류도 다양하다. 자동차 사고를 대비한 자동차보험, 불이 날 위험을 대비한 화재보험, 아플 때를 대비한 질병보험, 다칠 때를 대비한 상해보험 등 종류도 많다. 보험에 가입을 하면 매월 보험회사에 보험료를 낸다. 보험회사는 사고가 발생한 가입자에게 '보험금'을 지급한다. 각종 보험회사를 통해 다양한 보험에 가입할 수 있는데 생명에 관련된 보험은 생명보험회사에서, 재산이나 물건에 관련된 보험은 손해보험회사에서 가입이 가능하다.

보험은 뜻밖의 사고나 위험이 발생했을 때 경제적 도움을 받는 목적을 갖고 있다. 학교에서 멀리 견학을 갈 때나 외국으로 가족여행을 갈 때 보험에 가입하는 것은 혹시 사고가 나더라도 경제적인 걱정이나마 덜려는 목적 때문이다.

보험 가입은 개인의 자유다. 살아가면서 닥칠 수 있는 미지의 위험에 대해 지나치게 불안해할 필요는 없지만, 아무 대비 없이 살아가는 것도 바람직하지 않다. 누구나 겪을 수 있는 일상의 위험에 대한 최소한의 대비는 필요하고, 이런 차원에서 자신에게 필요한 보험을 꼼꼼히 따져보고 가입해두는 게 좋다.

----- Teaching Point Q A

**Q: 휴대폰을 최신형으로 바꿔달라고 졸라요.**

A: 아이에게 바꾸고 싶어 하는 이유를 물어보세요. 휴대폰의 성능에 관한 문제면 고쳐 쓸 수 있는지 알아봅니다. 친구들의 영향 때문이면 모든 걸 친구들과 똑같이 할 수 없다고 말해주세요. 어쩔 수 없이 바꿔주기로 했다면 최대한 교체시기를 늦추도록 합니다.

## Interest 12

# 화폐의 발달과정이 궁금해

### 돈의 모습이 변한다고요?

남편이 일본 출장을 다녀온 후 일본 동전을 딸아이에게 주었다.

"어! 일본 동전은 가운데 구멍이 뻥 뚫린 것도 있네."

"엄마도 일본 동전은 처음 보는데 신기하네. 우리나라도 과거에 엽전이라는 것이 있었는데."

"맞아. 책에서 본 거 같아."

"아주 먼 옛날, 돈이란 게 없었을 때는 물건과 물건을 서로 바꾸는 물물교환을 했어. 그러다가 물물교환의 어려움을 느끼고 소금이나 곡식, 조개 등을 화폐로 쓰기도 했는데 이걸 물품 화폐라고 해. 하지만 이 역시 편하지 않았기 때문에 좀 더 편리한 수단을 찾게 되었어. 그래서 나온 게 화폐야. 금이나 은 등으로 만든 금속 화폐, 종이로 만든 지폐가 있어. 그런데 이 동전이나 지폐도 불편해서 나온 게 있는데 뭔지 알아?"

"아~ 신용카드."

"맞아. 이렇게 돈은 그 시대에 편리하게 사용할 수 있도록 바뀌고 있어. 엄마 어렸을 때는 버스비를 현금으로 냈는데 지금은 대부분 교통카드를 사용하지? 돈을 충전해서 사용하니 일일이 계산하지 않아도 되고 편리하지. 또 휴대폰에 신용카드 기능을 넣어 쓰기도 하니까. 돈을 사용하는 방법도 정말 빠르게 변하고 있어."

"엄마, 그럼 요즘 말하는 가상화폐도 돈이 변한 거야?"

"그렇다고 봐야지. 가상화폐는 동전이나 지폐처럼 실물이 아니라 가상세계에 존재하는 돈이야. 게임할 때 사용하는 게임머니는 손에 잡히는 돈의 형태를 가지고 있지 않지만 게임에서 사용되지? 그것도 가상화폐의 일종으로 볼 수 있어. 네가 메신저에서 사용하는 초코, 게임에서 사용하는 게임머니, 엄마가 사용하는 신용카드사와 통신사의 포인트 등도 가상화폐라고 할 수 있어."

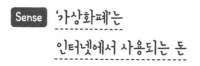 

Sense **'가상화폐'는 인터넷에서 사용되는 돈**

인류 역사의 발달과 함께 변화해온 화폐는 이제 '가상화폐'에까지 도달했다. 일반적인 화폐는 각 나라의 중앙은행을 통해 발행되고 통화정책에 따라 조절되는데, 가상화폐는 처음 만든 사람이 규칙을 정하고 가치를 매긴다.

가상화폐의 대표주자가 '비트코인(bitcoin)'이다. 비트코인은 정부나 중앙은행, 금융회사의 개입 없이 가상 공간에서 개인들 간에 직접 주고받을 수 있다. 미국발 금융위기가 심각했던 2009년, 달러에 대한 신뢰도가 떨어지면서 나카모토 사토시라는 정체불명의 프로그래머가 처음 개발했다.

비트코인은 블록체인 기술을 기반으로 한다. 단어 그대로 블록(block)을 연결(chain)한다는 뜻으로, 블록에 거래내역을 담아서 체인 형태로 연결해 네트워크에 있는 모든 참여자들 컴퓨터에 동시에 복제 저장하는 것이다. '분산된 공개장부'라고도 부른다. 거래가 성사될 때마다 '공개장부'에 기록된다.

과거에는 거래 장부를 공개하지 않고 안전하게 보관하는 방법을 연구했다면, 블록체인 기술은 모든 사용자가 데이터를 함께 보관하는 것이므로 데이터를 위조하거나 변조할 수 없다. 이런 점 때문에 블록체인 기술에 대한 전 세계의 관심이 높은 것이다.

하지만 익명성을 보장하고 누구나 계좌를 개설할 수 있다는 점에서 악용될 가능성이 높다. 가상화폐를 인정하는 정부가 많지 않고, 예금자보호법과 같이 거래와 투자 관련 법이 없기 때문에 화폐 가치가 폭락했을 때 엄청난 손해를 볼 수 있다. 가상화폐가 공식 화폐로서 인정을 받기 위해서는 아직 갈 길이 멀다.

우리나라에서 가상화폐는 화폐로서의 기능보다는 투자의 대상으로 인식되고 있다. 처음 주식이 거래될 때처럼 대박을 꿈꾸며 가상화폐 시장에 뛰어드는 사람이 적지 않다. 가상화폐로 수익을 얻고 싶다면, 땀으로 얻은 돈이 아니면 쉽게 잃어버린다는 교훈을 품고 묻지마식 '투기'가 아닌 현명한 '투자'가 될 수 있도록 많이 공부하고 신중하게 접근해야 한다.

---

**Teaching Point Q A**

**Q: 아이나 어른이나 절약하기 쉽지 않아요.**

**A:** '아무것도 사지 않는 날(Buy nothing day)'을 정해보세요. 1992년 캐나다에서 시작된 이 캠페인은 한 달에 하루 날을 정해 돈을 전혀 쓰지 않는 것인데 꾸준히 하다 보면 절약하는 습관도 기를 수 있습니다.

# 알뜰쇼핑하기

## 꼼꼼하고, 깐깐하게! 알뜰쇼핑 노하우

아이들은 가르쳐주지 않은 것도 배운다. 그래서 아이들 앞에서 물건을 구입할 때는 한 번 더 생각하는 모습, 미리 구매 목록을 작성하는 모습, 신중하게 구입한 물건을 만족하며 사용하는 모습, 소득 안에서 소비하는 모습을 보여줘야 한다. 아이가 부모의 모습을 보며 궁금해하면 설명해줘도 좋다. 이러한 과정은 번거롭지만, 아이에게 서서히 스며들어 습관이 될 것이다.

## 1. 쇼핑목록을 작성한다

늘 주의할 것이 바로 견물생심이다. 쇼핑목록을 작성하지 않고 장을 보면 충동구매할 가능성은 누구에게나 있다.

## 2. 요일과 시간대를 고려한다

마트별로 새로운 할인품목이나 이벤트를 알아두고 그때 사야 할 물건들을 미리 생각해둔다. 또한 영업이 끝나기 직전에 할인하는 식품들은 눈여겨보고 구매하되, 신선도가 떨어지는 것들은 바로 요리해서 먹어야 하므로 많이 사지 않는다.

## 3. 자신의 눈높이 외의 제품도 고른다

쇼핑할 때 보통은 자신의 눈높이에 배치된 제품들을 중심으로 살펴보고 고른다. 마트에서 상품을 배치할 때 고객들이 주로 많이 사용하고 가격이 높은 물건들을 전략적으로 눈높이에 배치한다. 저렴한 가격의 물건들은 선반 하단이나 위쪽으로 밀려나게 되므로 필요한 물건은 여기저기 찾아보는 노력이 필요하다.

## 4. 영수증을 주의 깊게 살펴본다

계산 후 받는 영수증은 무심하게 받아서 지갑 속에 넣지 말고 반드시 살펴보자. 목록과 가격, 할인율 등을 꼼꼼히 확인해야 한다. 종종 할인품목인 줄 알았는데 할인이 적용되지 않은 경우도 있다. 영수증을 확인해야 불필요한 지출을 줄일 수 있다.

## 나만의 스트레스 해소법 찾아보기

소비 중에는 생활에 필요한 것 외에 스트레스를 해소하고 자신만의 즐거움을 위한 것도 있다. 즉 취미 생활을 위한 지출이다. 그런데 부모의 이러한 소비 생활도 아이들에게 영향을 준다. 아이들은 부모의 모든 것을 보고 배운다.

남편은 산을 좋아해 매주 등산을 하지만, 흔한 등산 장비 하나 없다. 바지에 티셔츠가 남편의 등산복이다. 캠핑을 가면서도 오래된 텐트 하나 들고 나선다. 우리 아이들은 매사에 절약하는 아빠의 모습에 때론 답답해하면서도, 어떻게 돈을 써야 할지 배운다.

스트레스 때문에 돈을 쓰고 싶은 생각이 든다면 이렇게 해보는 건 어떨까? 책상이나 옷장 정리 등 단순한 일에 몰두하는 것이다. 내 경우 집안의 한 공간을 정해서 정리한다. 화장대 하나 또는 속옷 서랍장 하나 아니면 신발장 한 칸 등. 쌓인 먼지와 불필요한 물건을 치우면 생각도 정리되고 갖고 있는 줄 몰랐던 물건들을 발견하기도 한다.

꼭 쇼핑을 하고 싶을 때는 생필품을 산다. 비누, 샴푸, 휴지, 세제 등은 늘 사용하는 것이니, 조금 많이 사둔다고 해서 큰 문제가 되지는 않는다. 필요한 물건도 사면서 스트레스도 풀린다.

# 바자회나 벼룩시장
# 애용하기

### 알뜰살뜰 체험의 장

나는 결혼 후부터 지금까지 15년째 바자회와 벼룩시장을 애용하고 있다. 집 근처 초등학교나 중학교, 교회, 구나 시 등 생각보다 많은 곳에서 열린다. 나는 정보를 수시로 수집해서 요긴하게 활용했다.

아이가 어릴수록 바자회에서 구할 수 있는 물건들이 많다. 요즘은 한 집에 자녀가 하나나 둘이라, 부모들이 좋은 것들로 입히고 신긴다. 아이들이 쑥쑥 자라니까 금세 작아진 옷과 신발들이 바자회에 쏟아져 나오는데 새 것처럼 상태가 좋은 것들도 있다.

"이 원피스 얼마 주고 샀게?"

"그렇게 물어보는 걸 보니 싸게 샀나보네? 만 원?"

나는 의기양양하게 답했다.

"1,000원 주고 산 건데 괜찮지? 그리고 이거 완전 새 거야."

"진짜? 1,000원이라고?"

1,000원짜리 옷, 3,000원짜리 가방, 2,000원짜리 신발, 합이 6,000원, 1만 원도 안 되는 돈으로도 '풀세팅'이 가능하다.

신발, 가방 등 품목도 다양하고 워낙에 값이 싸기 때문에 무턱대고 사다보면 과한 지출의 함정에 빠질 수도 있으니 주의해야 한다. 나는 3,000원이 넘으면 비싼 것으로 인식하여 얼른 내려놓는다.

바자회에는 남이 쓰던 물건만 있는 게 아니다. 가끔 기업이나 단체에서 불우이웃을 위해 기부한 새 상품도 나오므로 정말 좋은 물건을 꽤 저렴한 가격에 구입할 수 있다.

## 아이와 함께 벼룩시장 쇼핑의 기쁨을 공유하다

벼룩시장이나 바자회에 갈 때는 아이와 동행하는 것을 추천한다. 아이 옷을 내 마음대로 사왔다가 큰딸에게 항의를 받았다.

"엄마, 내 취향을 존중해줘. 내가 입을 옷인데 엄마가 마음대로 선택하면 어떡해. 엄마도 내가 골라주는 옷만 입어야 한다면 얼마나 싫겠어."

순간 '아차', 싶었다. 만약 아이와 함께 벼룩시장, 바자회를 다녔다면 아이는 알뜰쇼핑의 장점을 배우면서 자신의 취향에 맞게 고르며 즐거워했을 것이다.

큰딸이 중학생이 되면서 아이의 옷을 더 이상 내가 마음대로 살 수 없게 되었다. 이제는 자신의 스타일을 스스로 선택할 수 있는 청소년임을 인정해줬다. 그리고 친구와 함께 쇼핑하거나 인터넷을 통한 구매를 할 때 합리적인 소비가 이뤄지도록 조언해줬다.

나는 큰딸에게 했던 실수를 반복하지 않기 위해 작은딸과는 초등학교 1학년 때부터 바자회에 함께 다녔다. 가기 전에는 반드시 사야 할 목록을 적어둔다. 메모해서 가야 바자회의 수많은 물건 속에서 필요한 물건들이 눈에 들어온다.

바자회에서 아이가 물건을 살 때는 "그런 걸 왜 사!"라고 하면서 제지하지 않는다. 실수도 경험해봐야 다음부터는 지혜롭게 쇼핑하는 방법을 터득하기 때문이다. 벼룩시장에서는 많이 사더라도 총금액이 크지 않아서, 큰부담 없이 아이에게 소비 방법을 가르치는 데 최적의 장소다. 둘째 딸은 몇 번 실수를 반복하면서 점점 신중하게 소비하는 습관을 갖기 시작했다.

벼룩시장에서 아이가 자신의 중고물건을 직접 팔아보는 경험을 하는 것도 좋다. 장소와 날짜 등을 알아보고 참가를 신청하면 된다. 가게 이름을 정하고, 자본금을 마련하고, 영수증을 발행해보는 등 유익한 경제 체험의 장이 될 것이다.

바자회나 벼룩시장은 개인 차원에서는 돈을 절약하고 알뜰쇼핑을 할 수 있고, 사회적으로는 자원을 재활용해서 환경을 보호한다는 데 의미가 있다. 봄과 가을이면 바자회나 벼룩시장이 자주 열린다. 아껴 쓰고, 나눠 쓰고, 바꿔 쓰고, 다시 쓰는 '아나바다'의 벼룩시장에서 알뜰쇼핑의 즐거움을 맛보면 어떨까?

• 제4장 •

# 건강한 생각을
# 가진 아이가
# 진짜 행복한 부자

루이스 캐럴의 동화 《이상한 나라의 앨리스》의 속편인 《거울나라의 앨리스》에서 앨리스가 붉은 여왕과 함께 나무 아래를 계속 달리는 장면이 나온다. 앨리스는 숨을 헐떡이며 붉은 여왕에게 이렇게 말한다.

"계속 뛰는데 왜 나무에서 벗어나지 못하나요? 내가 살던 나라에서는 이렇게 달리면 벌써 멀리 갔을 텐데요."

앨리스의 물음에 붉은 여왕이 대답한다.

"여기서는 힘껏 달려도 제자리야. 나무를 벗어나려면 지금보다 두 배는 더 빨리 달려야 해."

우리가 사는 사회는 기술과 정보의 발달로 빠르게 변화하고 있다. 여기에서 적응하고 살아남으려면 남들보다 '더 빨리, 더 많이, 더 부지런히' 달려야 한다. 붉은 여왕의 말처럼 더 빨리 달리지 못하면 제자리조차 유지할 수 없을 테니까.

사회가 빠르게 변화하는 만큼 우리 눈앞에는 매일 새로운 상품들이 쏟아져 나온다. 자주 바뀌는 유행을 뒤좇느라 힘에 부치지만, 멈춰 서면 남들보다 뒤처질까 봐 불안하다. 그런데 유행을 따라잡거나 남들보다 앞서가면 행복해질까?

다른 사람들을 기준으로 살아간다면 우리는 결코 행복해질 수 없다. 남들과 비교하지 않고 스스로 만족할 줄 아는 '나만의 기준'이 필요하다.

흔들리지 않는 자신만의 기준이 있어야 행복한 인생설계를 할 수 있다.

이 장은 눈에 드러나는 물질적 요소보다 보이지 않는 소중한 가치에 대해 이야기한다. 악착같이 돈을 벌어 나만 잘사는 게 아니라 가족, 이웃과 더불어 잘살기 위해 어떤 노력이 필요한지 알아보자.

부모가 원하는 아이의 삶은 무엇인가. 돈 많이 버는 고독한 부자인가, 아니면 비교하지 않고 자족하면서 언제나 행복하게 살 줄 아는 사람인가. 어떤 아이로 키울지는 부모의 몫이다.

## Stage 1

# 가난하거나
# 부자이거나

### 아빠가 부자니까 나도 부자?

딸아이가 혼자 과자를 맛있게 먹는 것을 보고, 남편이 나눠 먹자고 말했다가 거절당했다. 괜한 심통이 난 남편은 똑같은 과자를 100개 사서 혼자 먹겠다고 했다.

"아빠는 돈이 많아서 살 수 있거든."

"그래? 그럼 우리 부자야?"

"우리가 아니라 아빠가 부자인 거지. 왜냐하면 아빠 돈이니까."

아이는 아빠의 대답이 마음에 들지 않은 눈치다. 딸은 나에게로 달려와 아빠가 부자인데 왜 자신은 부자가 아니냐고 물었다.

"아빠가 번 돈은 아빠 것이니까 그래."

"아빠가 벌지만 우리가 같이 쓰잖아. 엄마 아빠가 우리를 돌봐주고 키워줘야 하니까 당연히 같이 써야 하는 거잖아."

세상에, 요즘 아이들은 참 똑 부러진다. 아이의 말에 혀를 내두르면서도 어떻게 답을 해줘야 하나 고민이 되었다.

아이들은 부모의 돈과 재산이 자신의 것이라고 생각한다. 부모가 부자면 자신들도 부자라는 것이다. 같은 맥락에서 부모가 가난하면 자신들도 가난하다고 생각한다. 그래서 아이는 자신의 집이 부자인지 아닌지가 궁금하다. 성장하면서 이 호기심은 점점 더 커진다.

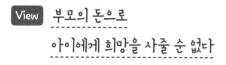

**View** **부모의 돈으로**
**아이에게 희망을 사줄 순 없다**

"우리 집은 부자예요?"

"엄마! 아빠 월급은 얼마예요?"

사실 이런 질문들은 어른들이 별로 답하고 싶지 않은 것들이다. 나이에 맞지 않는 질문이라고 생각하기도 한다. 그래서 괜한 짜증을 내거나 상황을 회피하려고 한다.

"몰라도 돼! 그게 왜 궁금한데? 하라는 공부나 열심히 해."

부모가 이런 반응을 보이면 아이는 호기심을 억누를 뿐만 아니라 마음의 문까지 닫을지 모른다. 아이의 궁금증 자체는 정당하다. 다만 부모에게 의지하고자 하는 생각을 바로잡아줄 수 있는 답변을 해야 한다. 고민하던 나는 딸에게 이렇게 말했다.

"그래, 엄마 아빠는 너희를 잘 보살피고 키워야 해. 그래서 엄마 아빠가 번 돈을 너희를 위해 쓰는 거야. 하지만 그 외에는 엄마 아빠 것이야."

"그럼 우리는 어떻게 해?"

"너희는 커서 어른이 되면 돈을 벌어야지. 그러면 그 돈은 너희 것이야. 엄마 아빠 돈은 엄마 아빠가 나이 들어서 더 이상 일해서 돈을 벌기 어려울 때 쓸 거야."

"우리한테 안 주고? 나중에 우리한테도 줘야지."

"그럼 네가 번 돈을 엄마 아빠 줄래? 엄마 아빠가 나중에 나이가 많이 들어서 지금처럼 일을 못하게 되거나, 돈을 못 벌 수 있어. 그 준비를 지금부터 하려고 열심히 저축하는 거야. 엄마 아빠가 늙었을 때 너희가 용돈을 꼬박꼬박 줄 수 있다면, 우리도 너희에게 돈을 물려줄 수 있지."

"치이…."

그제야 아이는 무슨 이야기인지 알아들었다는 표정을 지었다. 사람들은 자신이 가진 걸 나눠주는 것은 아까워하면서도 받는 것은 당연하게 생각하며 힘들게 일하기보다 누군가의 덕분으로 편하게 살고 싶어 하는 마음을 갖고 있다.

아이가 부모의 모든 재산을 자신의 것이라고 생각해 의지하려고만 든다면 평생 자립하기 힘들다. 아이가 부모에게 의지하는 나약한 사람으로 자라면, 부모가 없을 때 이 세상을 어떻게 살아가겠는가.

---- **Financial Point**

- 부모는 아이의 의존성에 분명히 선을 그어야 한다. 올바른 경제관념이야말로 세상을 살아가는 중요한 힘이다.

## Stage 2

# 주는 것 없이
# 받기만 한다면?

## 아빠 선물은 편지로 대신할래

친구의 두 딸이 초등학교 저학년일 때 있었던 일이다. 아빠의 생일을 앞두고 친구의 아이들은 아빠에게 줄 편지를 쓰겠다고 했다. 한참 동안 글씨를 쓰고 종이 곳곳에는 그림을 그리고 색칠도 했다. 아이들은 부엌에 있는 간식 서랍을 뒤져서 사탕과 젤리를 꺼냈고, 투명 테이프를 이용해서 종이에 꾹꾹 눌러 붙였다.

"우리를 키우주셔서 감사애요."

"죽을 때가지 아빠를 기억할게요."

"건강하고 힘내세요."


맞춤법은 엉망이고 오탈자가 난무했지만, 아이들의 진심에 엄마는 마음이 뿌듯했다. 아이들은 편지를 들고 아빠가 퇴근해서 오기를 기다렸다.

드디어 아빠가 집으로 돌아왔고, 아이들은 아빠에게 달려가 편지를 건넸다. 아이들의 정성 어린 선물을 받고 아빠는 행복해했다. 감격스러운 순간이 지나고 아이들이 의기양양하게 방으로 들어가려는 순간, 친구가 말했다.

"얘들아, 선물은 없어? 엄마가 용돈으로 아빠 선물 사라고 했잖아."

"아, 그럴까 하다가 편지 쓴 거야. 종이에 사탕이랑 젤리 붙였잖아. 그게 선물인데."

"그렇구나. 그러면 엄마도 앞으로 너희 생일에 편지만 쓰고 사탕과 젤리를 붙여서 선물할게."

그러자 아이들의 표정이 변하더니 고개를 세차게 저었다.

"그럼, 이번 주말에 같이 아빠 선물 사러 가자. 알았지?"

친구의 이야기를 듣고 놀라지 않을 수 없었다. 코흘리개 아이들이 푼돈으로 살 수 있는 물건이 얼마나 되겠는가. 고작 해봐야 볼펜, 수첩, 양말, 손수건 등일 것이다.

"자잘한 선물 받아서 뭐해? 괜히 아이들 용돈을 낭비하는 건 아닐까?"

"무슨 소리야. 이건 그런 차원의 문제가 아니야. 아이들이 부모에게 감사하는 마음과 그에 합당한 표현을 하는 습관을 키우는 문제라고."

곱씹을수록 친구의 말이 맞다는 생각이 들었고, 많은 부모들도 함께 알면 좋겠다는 생각이 들었다.

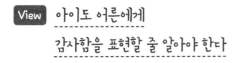

**View 아이도 어른에게 감사함을 표현할 줄 알아야 한다**

자신은 어리니까 받기만 하는 게 당연하고 어른들은 반드시 베풀어야 한다는 건, 아이가 갖고 있는 고정관념이다. 받기만 하려는 아이는 물질의 가치를 모르는 것이고, 부모님의 헌신과 희생에 감사할 줄도 모른다. 부모는 아이가 어릴 때부터 감사할 줄 아는 사람으로 가르쳐야 한다.

부모는 아이를 키우기 위해 최선을 다하고, 온갖 좋은 것들을 아낌없이 베푼다. 하지만 아이는 자신이 할 수 있는 비교적 손쉬운 방법으로 부모에게 마음을 표현한다. 친구에게는 용돈을 차곡차곡 모아 비싼 선물을 주면서, 부모에게 양말 한 켤레 사주기를 주저하는 아이들이 얼마나 많은가. 부모의 생일을 아예 잊어버리는 경우도 허다하다.

그러면서 부모가 자신의 생일을 한 번이라도 잊어버리면 엄청 서운해한다. 겨울만 되면 '등골 브레이커'라고 불리는 고가의 점퍼를 사달라고 떼쓰는 아이들도 있다. 이유는 하나다. 친구들이 입으니 자신도 입어야겠다는 것. 부모의 주머니 사정은 미처 고려하지 못한다.

내 친구는 아이들이 아빠를 위해 정성껏 편지를 준비한 마음을 알아보고 뿌듯해했다. 다만 거기에서 그치지 않고 자신이 할 수 있는 범위 내에서 물질을 덧붙여 감사함을 표현하는 것을 가르쳐주고 싶었던 것이다.

우리 부부도 생일이 되면 아이들로부터 감사의 편지와 양말, 마스크팩 등의 선물을 받았다. 아이들이 어릴 때는 그거면 충분하다. 그런데 3년, 5년이 지나 용돈이 많아졌는데도 아이들은 꼬꼬마 시절의 선물을 준비했다. 자신들은 점점 좋고 비싼 생일 선물을 기대하면서 말이다. 나도 아이들에게 '부모님과 가족을 위해 돈을 쓰는 법'을 알려줘야겠다는 생각이 들었다.

그래서 아이들과 받고 싶은 선물을 이야기하고 금액을 조정했다. 이때 과도한 수준이 아니라 아이들이 한두 달 정도 용돈을 절약해서 모을 수 있는 금액 정도로 정하는 것이 좋다.

아울러 조부모님에 대한 감사를 가르치는 것도 중요하다. 가정에 고작 한 명이나 두 명뿐인 아이들은 어른들로부터 받는 게 많다. 할머니, 할아버지의 생신이 되면 감사편지와 작은 선물을 준비하도록 가르치자.

---------- **Financial Point**

- 자신이 받고 싶은 만큼 상대를 대접해야 하는 건 불변의 진리다. 부모 자식 사이부터 이런 교육이 잘 이뤄져야 한다. 모든 교육의 시작은 가정이다.

**Stage 3**

# 아이를 품에 안았던 순간의
# 감사함

## 생명을 무사히 품에 안는 기적

부모라면 내 아이가 얼마나 소중하고 사랑스러운지 어떤 말로도
표현하기 힘들 것이다. 특히 오랜 시간 품었던 생명이 처음 태어나
는 순간의 감동은 엄마만이 누릴 수 있는 혜택이다. 내 경우는 더 특
별했다.

둘째 아이를 임신한 초기에 갑자기 눈과 입이 이상해지고 얼굴근
육이 부자연스럽게 움직였다. 음식을 먹으면 입안의 음식들이 자꾸
흘러나왔다. 거울 앞에 서서 '아' 하고 입을 벌리면 입 모양이 찌그러

졌다. 확실히 이상했다. 얼굴의 한쪽을 꼬집어도 감각이 느껴지지 않자 한의원을 찾아갔다. 눈을 깜박이고 표정을 짓는 얼굴 근육의 기능 손실로 한쪽 얼굴에 마비가 오는 구완와사(안면마비)였다.

"임신 중이라 침이나 약을 쓸 수 없는데 이 아이를 꼭 낳아야겠어요?"

한의사는 나에게 종합병원 신경과에 가보라고 했다.

초조한 마음으로 종합병원에 갔더니 귀 뒤로 내려가는 신경이 있는데 그중 하나에 염증이 생긴 것 같다고 했다. 임신 중이라 약도 못 먹으니 그냥 기다리는 수밖에 없다고, 그러다 낫기도 한다고 했다. 10명 중 3명은 다시 정상으로 돌아온다는 것이다. 우리의 걱정과는 다르게 대수롭지 않은 일인 듯 말하는 의사의 말투가 오히려 위안처럼 느껴졌다. 큰병이 아닌 것처럼 취급해주니 오히려 고마웠다.

어렵게 생겨서 더욱 소중한 둘째였다. 첫째 아이가 세 살 때 임신을 했는데 얼마 지나지 않아 '계류유산'이 되었다. 그리고 다시 임신을 했을 때는 조심하느라 4주 넘게 집에만 있었지만, 또 한 번 생명을 잃었다. 그렇게 두 번의 유산이 큰 상처로 남아 있는 가운데 갖게된 아이였다.

가족 모두의 기도 덕분인지 다행히 열흘 정도 지나자 신경의 염증이 사라졌다. 그렇게 여러 우여곡절이 있었지만 나는 무사히 둘째를 낳았다. 태어나줬다는 것만으로도 감사했다. 내 품에 안겨 하품하는 아기가 너무 고와서 눈물이 났다. 세상 모든 것이 그저 감사했다.

### 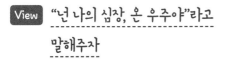 Ｖｉｅｗ "넌 나의 심장, 온 우주야"라고 말해주자

아이가 어릴 때는 건강하게 자라는 것만으로도 감사했던 마음이 시간이 흐르면서 자꾸 변해간다. 부모로서의 욕심이 아이에게 화를 내고 자꾸 잔소리를 하게 만든다. 둘째 아이와 다섯 살 터울인 첫째 아이는 서로 만나면 으르렁거리고 싸운다.

"야, 너 나랑 몇 살 차이인지 몰라? 꼬박꼬박 말대꾸하니까 내가 화가 나잖아!"

"언니가 자꾸 심부름을 시키니까 그렇지."

"언니니까 동생한테 심부름 시킬 수도 있는 거 아니야?"

맨날 말싸움을 벌이니 시끄러웠다. 싸움을 말리려다 보면 더 폭포수 같은 말들이 쏟아졌다. 결국 참지 못하고 버럭 소리를 질렀다.

"그만들 못해! 너희들 방으로 들어가!"

각 가정에서는 저마다 크고 작은 갈등이 있다. 남의 집 일은 별거 아

**191**

니고 웃음이 나오지만, 우리 집 일은 왜 그렇게 심각하고 속상한지. 내 손에 박힌 작은 가시 하나가 남의 큰병보다 아프다는 말이 딱 맞다.

오만상을 쓰고 있다가 남편이 퇴근해서 들어오자, 기다렸다는 듯이 하소연했다. 결론은 "하루만이라도 혼자 있고 싶어. 남편이고 자식이고 다 귀찮아"였다. 남편의 얼굴은 일그러졌고, 아이들은 울먹거렸다. 그 순간 우리 가족은 모두 불행했다.

살면서 겪는 여러 가지 일들로 순간적으로 불행해질 때가 많다. 아이를 품에 안았을 때 세상 모든 것을 다 가진 것처럼 행복했는데, 왜 지금은 불행하다고 생각하는 것일까? 처음 품었던 마음을 기억하자. 아이가 태어난 것만으로도 감사했던 마음을.

나는 아이들을 불러 모았다. 조금 전까지 신경질이 폭발했던 엄마가 부르니 머뭇거리며 다가오지 않는다. 잠시 고민하다 아이들에게 밝은 목소리로 물었다.

"우리 오랜만에 너희 옛날 사진이나 볼까?"

뜻밖의 이야기에 아이들은 서로 얼굴을 바라보더니 말했다.

"좋아!"

아이들의 표정이 조금 밝아졌다. 먼지 쌓인 책장에서 큰아이 앨범과 작은아이 앨범, 임산부 수첩을 꺼내 보여줬다. 엄마 뱃속에서 점처럼 작은 모습에서 백일과 돌을 지나 성장하는 사진을 보면서 우리의 얼굴에 스르르 미소가 번졌다. 임신했을 때, 너희가 태어났을 때 엄마 아빠와 다른 가족들이 얼마나 기뻐했는지도 말해줬다. 작은아이에게는 어려웠던 탄생 스토리를 말해주고, 큰아이에게는 동생을 갖게 해달라고 매일 간절히 기도했던 때를 상기시켰다.

"지금부터 엄마의 보물들을 손가락으로 세어봐야겠어. 자, 엄마의 보물 1호는 바로 바로 우리 가족."

아이들이 비로소 밝게 웃는다. 옆에서 지켜보던 남편의 표정도 비로소 환해졌다.

"아빠도 너희가 최고 보물이다."

"너희들도 보물 1호를 한번 말해줘 봐."

아이들은 어색한지 비밀이라고 하며 알려주지 않았지만, 둘이서 속닥거리며 재미나게 웃었다.

늘 가까이에 있지만 잊고 지내는 소중한 보물들을 손가락으로 세어보자. 아마 손가락이 모자라서 발가락까지 동원해야 할 것이다.

----- Financial Point

● 부모가 가진 최고의 보물은 자녀다.
이 사실을 아이에게 항상 알려주자.

## Stage 4
# 가족과 함께하는
# 시간의 소중함

### '말하지 않아도 알아요~'란 새빨간 거짓말

일복이 많은 사람이 있는데, 남편이 그렇다. 회사일로 바쁘고, 미래를 대비해 열심히 공부하느라 바쁘고, 좋아하는 등산도 동네 친구들과 매주 빼먹지 않고 다니려니 바쁘고, 동문회에 각종 모임에 모두 참석하느라 늘 바쁘다. 남편은 공부가 제일 쉽다고 말하며, 시험을 보면 한 번에 붙는 사람이다. 남편을 뺀 우리 가족은 그래서 피곤하다.

"이 좋은 환경에서, 도대체 왜 열심히 공부하지 않는 거야?"

부모들은 자신의 어린 시절을 기억하며 요즘 애들은 너무 풍족하고 부족한 게 없어서 문제라고 한탄한다. 그러니 자녀와 부모의 갈등은 늘 도사리고 있다.

"책상에 앉아만 있어서는 성적이 잘 나오지 않아. 아빠가 어떻게 공부하는지 알려줄까?"

"아니, 내가 알아서 할게!"

"아빠 말을 한번 들어보지도 않고 거절하니?"

아빠와 아이가 평행선을 달리는 것을 지켜보는 나는 살얼음판이다. 대립이 위험 수위를 넘나들 때면 나는 남편에게 동네 산책을 제안한다. 자기주장이 강한 남편을 바로 꺾으려고 하기보다 일단 전쟁터에서 벗어나게 해야 한다.

우리는 동네 한 바퀴를 돌면서 이런저런 이야기를 했다. 남편도 바쁜 직장일, 가장으로서의 책임감에 말 못할 스트레스가 쌓였을 것이다. 밖에서 죽어라 일하는 부모 마음을 아이들이 알아주지 않으니 화가 나는 모양이었다.

나는 남편의 마음을 다독이면서 내 고민과 힘든 점을 이야기했다. 집안일, 아이들 양육, 강의도 힘든데 아이들 문제가 생기면 모든 게 내 탓 같아서 괴롭다고 했다. 속내를 털어놓으면서 오해를 풀고 이해하는 방향으로 대화를 이끌었다. 짧은 시간이었지만 서로에 대한 생각을 나눌 수 있어 좋았다.

우리는 집으로 돌아왔고, 남편은 아이들에게 다가가 말 없이 머리를 쓰다듬었다. 다소 어색했지만 마음이 통한 듯 아이들도 마음이 풀어지는 듯했다. 우리가 밖에 다녀온 사이 아이들도 감정을 추스를 수 있었을 것이다. 어쩌면 아빠의 마음을 생각해봤을지도 모른다. 싸움이 일어났을 때 바로 끝장낼 듯 다투기보다는, 이렇게 한 템포 쉬어가는 것도 문제를 해결할 수 있는 좋은 방법이라고 생각한다.

남편과 아이들은 도란도란 이야기를 나눴다. 티격태격 싸우다가 다시 찾아온 평화는 더욱 소중하게 느껴졌다.

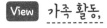 가족 활동,
돈을 많이 들일 필요는 없다

부모도 아이도 해야 할 일을 우선시하며 살다 보니 가족 간의 마음을 나눌 시간이 없다. 어쩌다 함께하는 공간에서도 스마트폰이나 TV를 보면서 각자 행동한다. 서로의 마음을 모르니 사소한 문제를 만나도 쉽게 '폭발하기 일쑤다. 바쁠수록 가족이 함께할 수 있는 시간을 내야 한다. 가족이 뭔가를 함께하면서 그 속에서 자연스럽게

대화를 나누는 것이다.

가족 활동은 대단한 것이 아니다. 꼭 많은 비용이나 시간을 들일 필요는 없다. 그런 면에서 나는 박물관을 추천하고 싶다. 국립중앙박물관, 국립현대미술관, 국립민속박물관, 역사박물관 등등 찾아보면 갈 만한 곳이 참 많다. 공원도 좋다. 서울숲, 북서울숲, 한강공원, 하늘공원 등등 멀지 않은 곳에 공원이 있을 것이다. 하다못해 동네 한 바퀴라도 돌다 보면 일상이 바빠 모르고 지나쳤던 곳을 발견하면서 서로 대화할 소재가 생기기도 할 것이다.

큰아이가 초등학교 4학년 때 집 근처에서 산행을 했던 것이 아직도 기억에 남는다. 집 근처 산의 둘레길을 돌며 산책하다가 운치가 좋아서 남편이 좀 더 올라가보자고 제안했다. 하산하면서 맛있는 짜장면과 탕수육을 먹자는 보너스도 덧붙였다.

한참을 올라가다가 잠시 쉬어가려고 나무 벤치에 앉았는데, 벤치 가운데에 커다랗게 쓰여 있는 '군계일학'이라는 사자성어가 보였다.

아빠는 아이들에게 물었다.

"여기 쓰여 있는 군계일학이 무슨 뜻인지 아니?"

"잘 모르겠어. 무슨 뜻인데?"

"여러 마리의 닭이 있는데 거기에 학이 한 마리 있다는 뜻이야. 어떤 느낌이 들어?"

"닭들이 많이 있는데 거기에 왜 학이 있는 거야? 그러다가 왕따 당할 텐데."

우리 부부는 웃음을 터뜨렸다. 군계일학의 의미는 아니었지만 아이 말이 이해가 되었다.

"군계일학은 여러 마리 닭들 중에 한 마리 학이 있다는 건데, 그 뜻은 많은 사람들 가운데 가장 뛰어난 사람이라는 거야."

우리는 즐겁게 웃고 이야기하며 등산을 마쳤다. 하산하면서 약속했던 대로 중화요리집으로 향했고, 배부르게 식사를 한 다음 기분 좋게 집으로 돌아왔다.

지금도 아이들과 함께한 산책이나 자전거 타기, 퀵보드 타기, 집 앞에서 배드민턴 치기, 동네 한 바퀴 돌았던 일들이 추억이 되어 기억으로 남는다. 요즘은 아이들이 커서 웬만해서는 함께 산에 가려 하지 않는다. 아이들이 어릴 때 가능한 한 많이, 다양하게 활동하는 게 좋다.

부모와 자녀와의 관계는 사람이 태어나서 가장 처음 맺는 인간관계다. 부모와의 관계에서 따뜻한 사랑과 깊은 유대감을 경험한 아이들은 밖에 나가서도 건강한 인간관계를 맺을 수 있다. 부모의 따뜻한 말, 다양한 활동 속에서 나눈 깊이 있는 대화는 내 아이를 정서적·지적으로 살찌우는 데 기여한다.

흔히 '말 안 해도 알겠지'라고 생각한다. 그러나 아무리 가족이라 하더라도 말하지 않으면 상대의 마음을 절대 알 수 없다. 내 마음을 몰라준다고 원망만 하지 말고 자주 시간을 갖고 솔직하게 마음을 털어놓자. 그것이 관계 개선의 시작이다.

---

Financial Point

- 아이를 행복한 부자로 키우고 싶다면, 오늘 아이에게 얼마의 시간을 사용했는지 생각해보자.

## Stage 5

# 좋은 친구를
# 만드는 법

## 나의 참 좋은 이웃들

내 주위에는 좋은 이웃들이 많다. 나는 이웃을 보면 먼저 인사하며 말을 걸고 음식을 나눈다. 이런 방식으로 한 집, 두 집 친해졌고 이사를 가더라도 인연을 맺은 사람들과 꾸준히 연락하고 가끔 만나기도 하면서 친분을 이어가고 있다.

당신이 먼저 따뜻한 마음을 건네는 순간 삭막한 도시의 콘크리트에도 잎이 나고 꽃이 피는 나무가 자란다. 그 나무는 우리의 그늘과 휴식이 되어주고, 마음을 나누는 공간이 된다.

나에게는 '참 좋은 이웃' 1호가 있다. 아이들이 태어날 때부터 이웃하며 지냈으니 16년 이상 알고 지낸 사이다. 내가 둘째를 낳고 외출하기 어려워졌을 때, 우리 아이도 함께 픽업해줘서 수월하게 어린이집에 보낼 수 있었다. '참 좋은 이웃' 1호가 없었더라면 아이 둘 키우는 데 많은 어려움을 겪었을 것이다.

'참 좋은 이웃' 2호도 있다. 지금은 다른 아파트로 이사하게 되면서 연락이 안 되지만, 아이들이 어릴 때 같은 아파트에 사는 이웃이었다. 내가 수업이 있거나 교육 받을 일이 있으면 '참 좋은 이웃' 2호가 자신에게 아이를 맡기라고 했다. 지금도 그때를 생각하면 참 고마운 마음이 든다. 좋은 이웃과 서로 도우며 에너지를 주고받는 건 행복한 일이기에 나도 좋은 이웃이 되고 싶어진다.

좋은 인간관계는 어떻게 하면 만들 수 있을까? 부당한 대접이나 일방적인 요구를 받거나 손해를 보고 싶은 사람은 아무도 없듯이 '상대방이 나라면'이라는 생각으로 상대방을 대접하면 된다.

**View** 상대에게 먼저 손을 내밀자
----------------------------------

내가 좋은 이웃들과 함께 하며 기쁨을 맛본 경험을 아이들에게도

느끼게 해주고 싶었다. 아이들이 좋은 친구를 사귀는 방법은 먼저 좋은 친구가 되는 것이다. 나는 아이들에게 전학 온 친구가 있으면 먼저 다가가 말을 걸고 친구가 되어 주라고 했다. 하지만 내성적인 성격의 딸들은 어색하고 쉽지 않다고 했다. 그래서 나는 전학 온 친구의 엄마 전화번호를 알아내 집으로 초대해서 아이가 자연스럽게 말을 걸 수 있는 기회를 만들었다. 엄마들이 연결고리가 되어, 아이들 서로를 알게 하고 몇 마디 이야기를 나누게 해 낯선 곳에서의 어색함을 줄여주려고 노력했다.

엄마들끼리 만나서 이야기하며 이런저런 동네 정보도 알려주면, 대부분 먼저 손 내밀어주고 연락해준 것에 고마움을 표현했다. 그렇게 전학 온 친구와 우리 아이는 자연스럽게 친한 친구가 되었다.

그러나 좋은 친구가 되겠다고, 친구가 부탁하는 것을 거절도 못하고 다 들어줘야 하는 것은 아니다.

친구가 들어주기 힘든 부탁이나 부당한 요구를 할 때는 자신의 생각을 단호하게 표현해야 한다고 아이에게 가르쳐야 한다. 만약 단번에 거절하기가 힘들다면, "어떻게 할지 생각해볼게"라며 시간을 버는 것도 좋다. 그런 다음에 시간이 좀 지나고 나서 거절 의사를 밝히는 것이다. 시간 간격을 둠으로써 신중하게 생각하고 내린 결정이라는 것을 친구에게 알려줄 수 있다. 인간관계만큼 어려운 것도 없다.

모두 내 마음 같지 않으니 말이다. 어느 한쪽의 노력으로 좋은 관계가 유지되는 건 아니므로 나의 마음을 함부로 하는 사람에게까지 정성을 다할 필요는 없다는 것을 알려주자.

내가 먼저 좋은 친구 되어 주기, 입장 바꿔 생각해보기, 아무리 친해도 함부로 말하지 않기 등의 기본을 잘 지키면 좋은 친구와 평생 함께 지낼 수 있다. 삶을 살아가는 데 필요한 것들로 건강, 가족, 돈, 사랑, 명예, 지식 등 여러 가지가 있는데, 특히 친구는 끝까지 함께할 소중한 재산이다.

---

**Financial Point**

● 아이들은 친구관계에 맹목적으로 매달리기 쉽다. 하지만 나쁜 인간관계는 사람의 영혼을 좀먹는다. 아이가 그 누구보다 스스로를 소중히 여기고, 자신을 존중해주는 사람과 좋은 관계를 맺을 수 있도록 가르치자.

## Stage 6

# 나눌수록
# 배가 되는 기쁨

## 우리에게는 '우리가 할 일'이 있다

자기 분야에서 경쟁에 뒤처지지 않으려면 항상 노력해야 한다. 나도 더 좋은 강의를 하기 위해 뛰어난 강의가 있으면 찾아가 청강한다. 그중《보이는 통장 & 보이지 않는 통장》의 저자 김명렬 소장의 강의가 인상 깊었다. 우리나라 사람들은 기부를 아직도 어렵고 불편하게 생각한다며, 나눔과 기부에 대한 자신의 철학을 이야기했다.

"기부는 어려운 게 아닙니다. 지하철이나 거리에서 도움을 요청하는 분에게 1,000원을 드리는 것도 기부예요. 저는 이분들을 만날 때를 대비해서, 1,000원짜리 지폐를 서너 장씩 꼭 갖고 다닙니다."

그러자 청중 가운데에서 누군가 손을 번쩍 들며 이렇게 말했다.

"그런 분들 실제로 보면 집도 있고, 돈도 있어요. 형편이 괜찮은데 일하기 싫어서 그러는 거라던데요."

"아, 그런가요? 그럴지도 모르죠. 제가 그 사정을 다 아는 건 아니니까요. 그럼에도 불구하고 저는 제가 마주치는 분들에게 도움을 드려야 한다고 생각해요. 어느 분이 어려운지, 어느 분이 괜찮은 형편인지 모르니까. 형편이 넉넉한데도 굳이 거리에서 도움을 요청한다면, 그분에 대한 판단은 신(神)께서 하시겠죠. 저는 제 할 일을 하는 것이고요."

이 말을 들으면서 참 명쾌하다는 생각이 들었다. 맞는 말이다. 신에게는 신의 일이 있고, 우리에게는 우리가 할 일이 있다. 그걸 하면 되는 거다.

**View** **필요한 건, 오직 사랑뿐!**

우리 가족은 함께 돈을 모아 어려운 이웃과의 나눔을 실천하고 있다. 큰돈은 아니지만, 이 세상이 더불어 살아가는 곳이고 그 구성원으로서 세상을 조금이라도 나은 곳으로 만드는 데 힘을 보태는 게 당연하다고 생각해 그 일환으로 두 아이 이름으로 각각 매월 정액을 후원하고 있다.

후원단체에는 되도록 우리 아이들의 연령대와 비슷한 대상자를 선정해달라고 부탁했다. 그렇게 하면 아이들이 나눔의 대상자를 좀 더 가깝게 느낄 수 있으리란 생각에서였다. 후원을 한 지도 대략 10년은 넘은 듯하다.

아이들이 용돈을 받기 시작하면서부터는 '나눔' 명목으로 3분의 1의 액수를 떼어 따로 모아 학교에서 1년에 한 차례 기부금을 모금할 때 내도록 한다. 큰딸은 중학교 때 학교에서 매월 소액을 기부금으로 냈는데, 이 금액의 일부를 용돈에서 내고 나머지를 내가 보조해 줬다.

큰딸의 후원 대상자 중에 인도의 '프라날리'라는 소녀가 있었다. 아이가 다섯 살 때 사회복지단체를 통해 인연을 맺었다. 딸은 식탁 위에 프라날리의 사진을 놓고 기도하고 크리스마스 때는 고사리 손으로 그린 그림을 주고받았다. 직접 만난 적은 없지만 머나먼 나라에 사는 아이와 인연이 닿을 수 있다는 사실이 신기했다.

정액 후원은 어려운 이웃의 경제적 자립을 돕는다는 데 의미가 있지만 얼굴을 직접 대면하지 못하는 것이 아쉬웠고, 아이들이 나눔을 좀 더 친근하게 느낄 수 있도록 해주고 싶어 고민이 되었다.

그래서 집 근처 사회복지기관에 찾아가서 우리 가족이 함께할 수 있는 봉사가 있는지 물어봤다. 혼자 사시는 독거노인과 결연해 가족이 되어주는 프로그램이 있었다. 우리는 한 어르신과 결연을 맺고 여러 가지 활동을 했다. 도시락을 싸서 소풍을 가고, 텃밭도 가꾸고, 어버이날 꽃도 만들어 드리고, 함께 김장도 하는 등 기관에서 준비한 알찬 프로그램으로 좋은 시간을 가졌다. 나눔이나 기부를 할 때 물질적인 것이 아니어도 좋다. 마음으로 또는 자신이 가진 재능 아니면 시간으로 함께할 수 있다. 그 무엇이든 진심을 나눈다면 그것으로 충분하다.

해마다 연말이 다가오면 작은딸은 크리스마스 씰을 사기 위해 열의를 불태운다. 나는 딸아이가 크리스마스 씰을 왜 그렇게 사고 싶어 하는지 궁금했다.

"크리스마스 씰 모으는 게 취미야? 왜 그렇게 사고 싶어?"

"기부금 목표액이 있거든. 그 목표를 꼭 달성할 거야."

의외의 대답에 놀랐고, 자신의 용돈을 모아 기부하고 기부금 목표액까지 정한 것이 기특하고 대견해서 칭찬해줬다.

아이들이 커갈수록 부모는 걱정이 많아진다. 내 아이가 공부를 잘하기를, 좋은 직업을 갖게 되기를 소망한다. 하지만 우리 아이만 좋은 환경에서 키우면 그만일까? '한 아이를 키우려면 한 마을이 필요하다'는 말이 있다. 주변 이웃들, 남의 아이들에게도 관심을 가지고 사랑을 실천할 때 우리가 원하는 좋은 사회로 한걸음 더 나아갈 수 있을 것이다.

---

**Financial Point**

- 따뜻한 배려가 있고 누구나 상생하는 세상, 어떤 편견이나 조건 없이 행복한 세상에서 내 아이를 살게 하고 싶다. 이것이 우리 가족이 나눔을 하는 이유다. 아이가 행복하기를 원한다면, 오늘 내 아이가 살아갈 세상을 위해 무엇을 했는지 생각해보자.

## Stage 7

# 인생의
# 숲을 보는 시선

## 부모인 당신은 행복한가요?

주말에 모처럼 집에서 뒹굴뒹굴 여유를 부리며 TV를 봤다. 여러
학자들이 나와서 행복에 대한 이야기를 하고 있었다. 수많은 이론과
학설을 이야기한 것치고는 결론이 참 단순했다.

'좋아하는 사람들과 함께 식사를 하며 이야기하는 것.'

이것이 행복이란다. 많은 학자들이 이야기한 행복은 단순하고 일
상적인 것이었다. 그런데 왜 우리 중에 누구도 "나는 행복하다!"고
시원하게 답하는 사람이 없을까?

미국의 심리학자 에이브러햄 매슬로우는 인간의 욕구를 다섯 단계로 설명했다. 생리적 욕구, 안전의 욕구, 소속의 욕구, 존경의 욕구, 자아실현의 욕구다. 그중에 첫 번째 단계인 생리적 욕구는 인간의 생존을 유지하는 데 가장 필수적인 것으로 식욕, 성욕, 수면, 배설 등의 기본적 욕구를 말한다.

인간이 행복하려면 이 다섯 가지 욕구를 모두 충족해야 하는데, 우리는 가장 기본적 욕구인 생리적 욕구에 지나치게 몰두한다. 집을 소유했어도 더 큰 집으로 가고 싶어 하고, 더 비싼 옷을 입고, 더 맛있는 음식을 먹으려고 애쓴다.

더 많은 것을 얻으려고 욕심을 부리느라 정작 중요한 것은 잊어버린다. 기본적인 욕구에만 집착하는 것은 인생 전체의 숲을 보지 못하고 나무만 보는 것이다.

**View** 돈은 수단일 뿐, 행복이 목적이다

매주 전국으로 경제교육을 다니면서 아이들에게 돈에 대한 다양한 질문을 한다.

"어른이 되어 돈을 벌면 무엇을 하고 싶니?"

나의 질문에 많은 학생들은 강남에 빌딩이나 땅을 사고 싶다고 대답한다. 건물주가 되어 특별한 일을 하지 않아도 매월 일정한 수입을 가지고 편안하게 살고 싶어 하는 것이다. 결국 돈을 벌면 좀 더 편안하게 돈을 버는 방법을 찾겠다는 말이다. '조물주 위의 건물주'라는 유행어가 실감난다. 안타까운 점은 돈을 많이 벌고 싶어 하면서 그렇게 많은 돈을 벌어서 무엇을 할 것인지 생각해본 아이는 거의 없다는 것이다.

돈을 이토록 갈구하는 사회지만, 막상 돈을 많이 가졌다고 행복한 것 같진 않다. 이른바 부유층들의 일탈과 자살 소식이 심심찮게 매스컴에 오르내리고, 복권 당첨자들이 돈벼락 때문에 불행해진 경우가 많다는 보도를 보면, 돈만이 인생의 전부가 아닌 건 분명해 보인다.

우리는 '잘 산다는 것'의 의미를 다시 한번 생각해볼 필요가 있다. 돈을 버는 게 전부가 아니라 그것을 가지고 무엇을 할 것인지 목표가 있어야 한다.

아이가 돈을 많이 벌고 싶다고 한다면 꼭 질문을 하자.

"그 돈으로 무엇을 할래?"

아이가 어떤 직업을 갖고 싶다고 하면 또 질문을 하자.

"그 직업을 통해 너는 무엇을 하고 싶어?"

돈이나 직업은 수단이고, 행복한 삶이 목적이어야 한다. 우리는 아이에게 이러한 생각을 심어줘야 한다. 부모라면 아이에게 인생의 큰 숲을 보는 눈을 키워줘야 한다.

---- Financial Point

● 돈이 많다고 해서 행복을 살 수는 없다. 그러나 돈이 없어서 불행한 경우도 많다. 중요한 것은 균형 있는 시각이다. 아이가 돈을 등한시하지도, 돈을 맹신하지도 않도록 교육하자.

# 내 아이를 위한
# 유비무환 재테크

## 1. 교육비 지원을 위한 목적통장 만들기

매년 물가가 오르는 만큼 가정의 생활비도 매년 증가할 수밖에 없다. 또한 아이가 커갈수록 생활비에서 많은 비중을 차지하는 것이 바로 교육비다. 그중에서 가장 큰 비중을 차지하는 것은 대학등록금이다. 한 번에 목돈을 지출해야 하는 데다, 아이가 대학을 갈 시기가 되면 지출보다 수입이 줄어들기 마련이라 더욱 부담이 된다. 미리미리 준비하지 않는다면 부모와 아이 모두 큰 부담을 짊어질 수 있다. 아이가 꼭 대학에 가지 않더라도 진로를 위한 비용으로 사용할 수 있다는 점에서 의미가 있다.

4년제 대학을 기준으로 하면 약 4,000만 원가량의 등록금이 필요한데, 아이가 태어나자마자 월 20만 원씩 20년을 꼬박 모아야 달성할 수 있는 액수다. 등록금 전액을 다 준비해주겠다는 목표가 버거울 수 있으므로, 집안 경제상황을 고려해 정액을 매월 모은다는 생각으로 시작하는 게 현실적이다. 아이가 중고등학생이 되면 사교육비 등 지출비용이 늘어 저축을 하지 못하는 상황이 생길 수 있으니 목표액을 무리하게 설정해서 해약하는 일이 없도록 현실적인 목표를 정하는 게 좋다. 이를테면 아이의 대학 1년 등록금 마련 또는 진로준비금 1,000만 원 마련하기 정도로 말이다.

**[월 10만 원씩 적금을 들었을 때]**

월 10만 원 × 12개월 = 120만 원

연 120만 원 × 5년 = 600만 원

연 120만 원 × 10년 = 1,200만 원

연 120만 원 × 20년 = 2,400만 원

**[월 20만 원씩 적금을 들었을 때]**

월 20만 원 × 12개월 = 240만 원

연 240만 원 × 5년 = 1,200만 원

연 240만 원 × 10년 = 2,400만 원

연 240만 원 × 20년 = 4,800만 원

여기에 첫돌, 학교 입학 등 아이에게 특별한 일이 있을 때 친인척들로부터 받은 돈을 합하면 저축 액수가 좀 더 늘어날 것이다. 아이가 6, 7세가 되어 자신이 받는 용돈에 대한 관심이 생기면, 교육비(진로준비금) 목적의 통장이 있음을 알려주고 돈을 열심히 모을 수 있도록 동기를 부여해주는 것도 좋다.

돈을 모으는 방법으로는 적금통장에 가입하거나 펀드에 가입하는 것도 고려할 수 있다. 펀드의 경우는 가입기간이 길수록 유리하다. 재무전문가들에 따르면 일반적으로 펀드는 가입하고 최소 7년 이상은 돼야 손해를 보지 않고 그때부터 수익률을 기대할 수 있다고 한다. 7년 미만의 기간이라면 펀드 같은 투자상품보다 적금이 더 낫다.

## 2. 주택 마련을 위한 기초자금 마련하기

"나중에 어른이 되면 어떤 집에 살고 싶어?"

"저 푸른 초원 위에 그림 같은 2층집을 짓고 수영장이 딸린 마당에 해먹을 매달아서 햇살 좋은 날 낮잠 자고 쉴 수 있는 집."

살고 싶은 집을 상상하다 정신을 차리고 보면 '억'소리 나는 집값의 현실과 마주하게 된다. 워낙 집값이 고공행진을 하는 게 현실이니 아이의 미래를 위해 미리 소액으로 주택 마련을 위한 종잣돈을 만들어주는 게 좋다. 아이 명의로 주택청약종합저축을 가입하는 것이다.

주택청약종합저축은 과거 청약 저축·예금·부금의 기능을 통합한 통장으로, 국민주택과 민영주택 상관없이 모든 신규 분양주택을 살 때 사용할 수 있다. 주택 소유와 세대주 여부 그리고 나이와 무관하게 가입할 수 있지만, 청약하는 자격은 만 19세 이상이어야 한다. 만기가 정해져 있지 않으며 매월 2만 원~50만 원 이하 금액을 5,000원 단위로 납입할 수 있다. 단, 성년이 되기까지 납입한 횟수가 24회를 초과해도 24회까지만 납입한 것으로 인정된다는 점을 기억해야 한다.

통장에 적립한 액수에 따라 청약 가능한 면적이 달라지는데, 모든 면적에 청약할 수 있는 적립액은 1,500만 원이다. 이러한 점을 감안하고 목표에 맞는 금액을 정해 매월 꾸준히 저축하도록 하자.

**[월 2만 원씩 납입했을 때]**

월 2만 원 × 12개월 = 24만 원

연 24만 원 × 5년 = 120만 원

연 24만 원 × 10년 = 240만 원

연 24만 원 × 20년 = 480만 원

**[월 5만 원씩 납입했을 때]**

월 5만 원 × 12개월 = 60만 원

연 60만 원 × 5년 = 300만 원

연 60만 원 × 10년 = 600만 원

연 60만 원 × 20년 = 1,200만 원

　경제교육 차원에서 아이의 자립성을 위해 부모가 납입해주는 것보다 아이의 용돈통장에 어느 정도 돈이 모여 있다면 아이와 상의해서 주택청약저축통장으로 매월 일정액을 이체하는 방법도 좋다.

　우리 아이를 위한 주택마련 기초자금 준비는 부모의 노후를 위협하면서까지 집을 마련해주겠다는 비현실적 목표여서는 안 된다. 그렇게 준비하면 아이의 의존성을 키워줄 뿐이다. 성년이 된 내 아이가 독립하기 위한 최소한의 지원을 해준다는 차원이라야 의미가 있다.

## 3. 의료비 지원을 위한 보험 가입하기

　민영 의료보험은 가입기간이 10, 20년 등으로 길다. 때문에 그 기간 내에 혹시 있을지 모르는 다양한 사고와 질병을 감안해야 하고, 보험 금액 역시 지나치게 부담이 되지 않는 선에서 설정해야 한다.

아무리 많은 보장을 해준다 해도 보험료가 비싸면 감당하기 어렵기 때문이다. 보험의 특약이나 만기설정, 갱신여부 등을 살펴보고 아이가 성인이 될 때까지 부모가 납입할 수 있는 여력을 생각하고 가입해야 한다.

암이나 중증 질환을 보장해주는 보험, 실제로 지출한 의료비를 보상해주는 의료실비보험, 양쪽으로 준비하는 게 좋다. 의료보험을 가입할 때는 만기 환급보다는 순수 보장형인지 알아보는 것이 좋다. 만기 환급형보다 순수 보장형의 보험료가 더 저렴하기 때문이다. 과거와 달리 의료실비보험은 갱신형으로 가입할 수 있는데, 개인별로 선택하는 특약에 대해서 비갱신으로 설정해야 보험료 부담을 낮출 수 있다.

또한 100세 시대라고 해서 처음부터 100세까지 보장 받는 보험을 가입하면 보험료 부담이 커진다. 그래서 재무전문가들은 20년납 30세 만기로 계약하고 자녀가 30세가 되면 자동으로 100세 만기로 연장하는 전환형 어린이 보험을 추천하고 있다.

어린이 보험 가입 시 회사의 고객민원평가등급이 높은 회사인지 확인하는 것이 좋다. 금융감독원에서 1~5등급까지 보험사의 고객민원평가 등급을 공개하니 참고하면 도움이 될 것이다.

## 4. 재테크 교육을 위한 증권사 CMA통장과 펀드 가입하기

은행에서만 통장을 만들고 저축할 수 있는 것이 아니라 증권회사에도 통장을 만들고 저축할 수 있다. 대표적인 것이 CMA(Cash Management Account)통장이다. 증권사가 고객이 맡긴 돈을 대신 투자해서 수익을 만들어주는 것이라, 여유자금이 생겼을 때 하루만 맡겨도 이자가 나오는 상품으로 각광을 받고 있다. 단기간 이용해도 은행이자보다 나은 수익을 얻을 수 있고, 입출금이 자유롭다는 점도 장점이다. 아이의 경제교육을 위해 용돈통장이나 소원통장을 만들 때 CMA를 활용해도 좋다.

은행과 증권사에서는 자녀의 든든한 미래를 만들어 주고자 하는 부모들을 대상으로 어린이 펀드 상품을 운용하고 있다. 회사마다 수익률이나 운용보수가 다르고 장기투자인 만큼 상품을 잘 비교해서 가입해야 한다.

아이 이름으로 펀드에 가입하려면 부모 등 법정 대리인임을 증명하는 가족관계증명서가 필요하고 부모님 신분증과 도장을 준비해야 한다. 만일 부모님의 예금에서 매월 자동 이체하는 적립식으로 투자하려고 한다면 부모님 예금 통장도 준비해간다.

상품을 선택했으면 투자기간을 정하고 매월 어느 정도의 금액을 납입할지 정한다. 적립식 펀드는 일정 금액을 일정한 기간마다 적립해가는 은행의 적금상품과 방법이 유사하고 투자의 부담이 적다. 그러나 원금 손실의 위험성을 줄이고 투자수익을 기대하려면 최소 7년 이상은 유지해야 하기 때문에, 지나치게 무리하지 않는 선에서 월 적립액을 결정하도록 한다.

상품에 가입해두고 가만히 내버려 두는 게 아니라, 정기적으로 받는 실적보고서를 보여주면서 경제교육을 하는 게 필요하다. 경제상황에 따라 얼마든지 손실과 이익을 볼 수도 있다는 점을 가르치고, 투자를 위해서는 공부하며 신중한 자세로 임해야 한다는 것을 알려준다.

부모가 자녀 명의로 가입한 뒤 자녀가 출금하면 증여로 간주되는데, 어린이 펀드는 증여세 부과 대상에서 제외된다. 만 19세 미만까지 2천만 원까지 증여세가 면제된다.

책을 쓰겠다고 덤빈 시간은 참 고단했다. 태어나서 가장 많은 책을 읽고 검토하느라 정신없었고, 나의 부족함을 새삼 깨닫고 무모함을 자책하기도 했다. 그렇게 힘든 순간들이 이제는 다 지나갔다. 용감하게 도전한 나에게 격려의 박수를 보내고 싶다. 용기가 필요했지만 일단 시작하고 나니 어느새 상상만 했던 책쓰기의 끝이 보였다.

책을 쓰기 시작하니 새로운 기회들도 생겼다. 동아일보에 경제 관련 칼럼을 1년간 연재하고 있으며 시각장애인 경제교육 책 자문을 맡기도 했다. 다른 사람들처럼 나도 인생이란 길 위에서 어디로 가야 할지 모르고 방황하는 날이 있었다. 목적도 없이 갈피를 잡지 못하고 제자리를 맴돌기도 했다. 나이를 먹을수록 용기는 줄어들고 새로운 일에 대한 두려움은 커졌다. 변화는 불편했고 안정적인 것만

찾았다. 하지만 가보지 않으면 결코 알 수 없는 것들이 있다. 이번에 책을 쓰면서 더욱 깨닫게 되었다. 이런 기회를 허락해주신 나의 동행자, 하나님께 감사드리며 이 책을 읽고 있는 모든 분도 가보지 않은 길에 꼭 도전하기를 두 손 모아 응원해본다.

글의 많은 소재를 제공해준 한없이 사랑스러운 두 딸이 돈의 소중함을 알고 가치 있게 잘 사용하며 세상을 지혜롭게 살아가기를 바란다. 그리고 늘 나를 열심히 응원해주는 든든한 지원자인 남편 덕분에 여기까지 왔다. 정말 감사하다.

책을 마무리하면서 감사의 인사를 결코 잊을 수 없는 분들이 있다. 엔터스코리아와 박보영 팀장님이 없었다면 책쓰기를 끝까지 완주할 수 없었을 것이다. 또한 그동안 강의실에서 만난 수많은 엄마들과 학생들의 질문이 아니었다면 이 책은 만들어지지 못했을 것이다. 참으로 고마운 인연들이다. 끝으로 책이 나오기까지 응원해주신 동료 강사님들과 성원해주신 모든 분께 감사드린다.

김영옥

부록

# 엄마표
# 경제교육 활용팁

우리 아이 소비습관 잡아주는 용돈노트

우리 아이 경제개념 키워주는 '텐텐텐 독서법'

우리 가족 경제회의 운영하기

아이와 함께 체험 경제교육

경제용어 알아보기

# 우리 아이 소비습관 잡아주는 용돈노트 ───────

어른들은 다양한 지출을 하기 때문에 가계부를 작성할 때 지출 내용이 그때마다 다르다. 그러나 아이들은 지출 항목이 비교적 단순하고 제한적이다. 또 아이들은 반복되는 문구를 다시 적는 걸 귀찮아하고 싫어한다. 계속 사용하는 문구를 미리 적어 놓은 용돈기입장을 만들어주면 해당 사항에 표시만 하는 식으로 쉽게 용돈관리를 할 수 있다.

다음과 같은 형식의 용돈노트를 만들어주자.

수입과 지출 부문에서 해당 내용에 간단히 동그라미로 표시하고 금액을 적는다. 매일 작성하는 게 원칙이고, 결산은 용돈을 지급하는 기간으로 한다. 예를 들어, 일주일 단위로 용돈을 준다면 일주일에 한 번 결산하게 하면 된다.

결산할 때마다 만족도를 표시하고, 자신의 지출에 대한 반성이나 개선점을 찾을 수 있도록 지도한다.

용돈노트

| 날짜 | 수입(들어온 돈) 내용 | 금액 | 지출(나간 돈) 내용 | 금액 | 잔액 |
|---|---|---|---|---|---|
| / | 부모님 ( )<br>친척 ( )<br>알바비 ( )<br>기타:__ ( ) | | 저축 ( )<br>간식 ( )<br>기부 ( )<br>기타:__ ( ) | | |
| / | 부모님 ( )<br>친척 ( )<br>알바비 ( )<br>기타:__ ( ) | | 저축 ( )<br>간식 ( )<br>기부 ( )<br>기타:__ ( ) | | |
| / | 부모님 ( )<br>친척 ( )<br>알바비 ( )<br>기타:__ ( ) | | 저축 ( )<br>간식 ( )<br>기부 ( )<br>기타:__ ( ) | | |
| / | 부모님 ( )<br>친척 ( )<br>알바비 ( )<br>기타:__ ( ) | | 저축 ( )<br>간식 ( )<br>기부 ( )<br>기타:__ ( ) | | |
| / | 부모님 ( )<br>친척 ( )<br>알바비 ( )<br>기타:__ ( ) | | 저축 ( )<br>간식 ( )<br>기부 ( )<br>기타:__ ( ) | | |
| / | 부모님 ( )<br>친척 ( )<br>알바비 ( )<br>기타:__ ( ) | | 저축 ( )<br>간식 ( )<br>기부 ( )<br>기타:__ ( ) | | |
| 총합 | 수입 총액 | | 지출 총액 | | |
| 만족도 | 만족 / 보통 / 불만족<br>(잘한 점 : )<br>(개선할 점 : ) | | | | |

# 우리 아이 경제개념 키워주는 '텐텐텐 독서법' ———

부모가 매 순간 경제교육만을 염두에 두고 살아갈 수는 없다. 좋은 책을 통해 아이 스스로 깨우칠 수 있도록 돕는 것도 한 가지 방법이다.

여기서는 초등학교 저학년과 고학년이 읽으면 좋은 책 10권씩을 소개하고, 경제상식과 마인드를 위한 책 10권을 별도로 구분했다. 나는 이것을 '텐텐텐 독서법'이라고 이름 붙였다. 잘 고른 책 한 권은 부모의 백 마디 잔소리보다 더 효과적이다. 텐텐텐 독서법을 통해 우리 아이의 경제관념을 건강하게 키워보자. 소개된 책들 중에는 절판되거나 품절된 책도 있지만, 도서관에 가면 찾을 수 있으므로 아이와 함께 도서관에 방문해서 읽어보자.

## ✓ 저학년을 위한 경제동화책 (10권)

초등 저학년의 경우 경제교육을 딱딱하게 느끼지 않도록 경제에 대한 이해를 돕고 흥미를 가질 수 있는 동화책으로 시작하면 좋다.

**1.《꼬박꼬박 저축은 즐거워!》** _ 전윤호, 주니어김영사, 2010년

♥**저축의 중요성:** 갖고 싶은 물건을 부모님이 바로 사주는 것이 아니라, 아

이 스스로 용돈을 모아서 사는 모습을 통해 저축의 중요성과 현명한 소비를 알게 해준다. 용돈 모으기와 저축습관을 키우는 방법을 함께 이야기하기에 좋은 책이다.

### 2. 《또 마트에 간 게 실수야!》 _ 엘리즈 그라벨, 토토북, 2013년

♥**소비습관:** 이야기도 그림도 재미있는 책이다. 아이와 부모가 올바른 소비 습관에 대해 함께 이야기해보면 좋다.

### 3. 《왜 아껴 써야 해?》 _ 방미진, 위즈덤하우스, 2012년

♥**소비습관:** 물건을 소중하게 생각하고 잘못된 소비습관을 일깨워주는 내용이다. '알뜰살뜰 절약 대작전' 부록을 통해 자신의 낭비지수를 알아보고 용돈기입장을 써보는 기회로 삼으면 좋다.

### 4. 《요셉의 작고 낡은 오버코트가…?》 _ 심스 태백, 베틀북, 2000년

♥**소비습관:** 아이들이 자신의 물건 중에 아껴 쓰고 다시 쓸 수 있는 물건을 찾아보고, 이모저모로 활용할 방법들을 함께 찾아보면 재미있는 독서 후기가 될 것이다. 책 내용으로 노래가사와 악보까지 만들어 아이와 함께 피아노를 치며 노래를 불러도 좋다. 구성이 알차다.

### 5. 《용돈 좀 올려주세요》_ 아마노 유우끼찌·오오쯔끼 아까네, 창비, 2009년

♥**용돈개념:** 엄마에게 전하고자 하는 메시지는 솔직하고 겸손해야 한다며 만든 포스터 문구가 재미있다. 아이와 함께 16가지의 포스터를 보고 어느 것이 마음에 드는지 이야기해보고, 용돈에 대한 이야기를 자연스럽게 나누면 좋다.


### 6. 《용돈은 항상 부족해!》_ 이현주, 리틀씨앤톡, 2011년

♥**용돈개념:** 용돈을 아껴 쓰는 방법 등을 이야기해보자. 용돈기입장 사용방법, 실제 용돈기입장의 형식이 책에 나와 있어, 아이와 함께 실천해보면 좋을 것이다.


### 7. 《내 로봇 천 원에 팔아요!》_ 김영미, 키위북스, 2015년

♥**경제개념:** 경제활동이 벌어지는 '시장', 경제활동의 기본이 되는 '돈', 현명한 소비생활의 원칙, 저축 이야기, 물건의 값은 누가 정하나, 금융회사가 하는 일 등을 알기 쉽게 설명해놓았다. 이러한 것들을 그냥 지나치지 않게 꼼꼼히 읽으면서 설명해주면 좋다.


### 8. 《누가 제일 부자일까요?》_ 류일윤, 글뿌리, 2017년

♥**부자의 개념:** 돈과 보석과 옷을 많이 가지고 있는 모습을 그림으로 그려보

고, 가진 것이 많으면 진짜 부자인지 아이와 부모의 생각을 나눠보면 좋다. 어떤 사람이 진짜 부자인지, 왜 그렇게 생각하는지 이야기하면, 돈의 가치와 진정한 부자에 대해 새롭게 생각할 수 있는 계기가 될 것이다.

### 9. 《나의 첫 경제 책》 _ 클레어 레웰린, 상상스쿨, 2011년

♥**경제개념:** 전 4권으로 되어 있는 경제동화 시리즈다. 돈의 기본 개념, 돈을 잘 보관하고 저금하는 방법, 돈을 가치 있게 쓰는 방법 등 돈에 관한 다양한 이야기를 할 수 있는 것이 장점이다. 아울러 매일 행복을 느끼는 순간이 언제였는지 물어보고, 꼭 돈이 아니어도 얼마든지 행복할 수 있다는 것을 알려주면 좋다.

### 10. 《통큰 경제동화》 _ 한국톨스토이편집부, 한국톨스토이, 2015년

♥**경제개념:** 전 68권으로 되어 있는 경제동화 시리즈다. 아이들이 돈과 경제, 직업에 대해 흔히 하는 생각을 담았다. 다양한 놀이 활동을 할 수 있는 페이지도 있어서 책을 함께 읽은 후 활용하기 쉽다.

### ✅ 고학년을 위한 경제동화책 (10권)

초등 고학년의 경우는 경제개념을 어렵지 않게 설명한 만화책이나 쉬운 경제 이야기를 다룬 책으로 시작하면 좋다. 그리고 책을 읽고 돈에 대한 생각, 경제마인드를 스스로 정립할 수 있도록 돕는 철학동화책도 활용하면 좋다.

### 1. 《백만원을 구하려면 돈이 필요해!》 _ 신현경, 해와나무, 2015년

♥**소비·용돈·저축:** 돈을 현명하게 쓰는 방법, 용돈 절약 방법, 돈이 필요한 이유, 왜 저축을 해야 하는지 등을 재미있게 잘 설명해놓았다. 부모와 자녀가 함께 읽으면서 각자의 생각을 나누면 좋다.

### 2. 《어떻게 소비해야 모두가 행복할까?》 _ 미셸 멀더, 초록개구리, 2017년

♥**착한 소비:** 돈으로 다양한 소비를 하며 지구를 오염시키는 우리의 생활을 돌아보게 하는 책이다. 물건을 사는 대신에 공구 도서관, 장난감 도서관 등에서 빌리기, 좋은 것을 함께 나누는 사례들을 통해 소비와 환경보호를 연결해 이야기해보자.

### 3. 《100원 부자》 _ 방미진, 스콜라, 2014년

♥**경제습관:** 수입과 지출, 소득과 소비, 수요와 공급, 예산 세우기, 보통예금과 정기적금 등 경제용어와 상식을 배울 수 있다. 만장이 엄마가 알려주는 똑똑한 소비와 아름다운 나눔에 대해 아이의 생각은 어떤지 의견을 물어보자. 아이의 아이디어나 실천할 수 있는 것들을 이야기해보는 시간을 가지면 좋다.

### 4. 《어린이를 위한 마시멜로 이야기》_ 호아킴 데 포사다, 깊은책속옹달샘, 2011년

♥**경제습관:** 공부, 자신감, 시간 관리, 경제생활, 친구관계 등 아이의 생활과 밀접한 주제를 다룬 책이다. 용돈이 부족한 제니퍼가 부자 아빠에게 용돈을 올려달라고 하면서 나누는 대화와 부모의 대처법을 눈여겨볼 만하다. 책에 나오는 아이와 부모의 생활 속 대화를 적용해 이야기해보면 좋을 것이다.

### 5. 《주식회사 6학년 2반》_ 석혜원, 다섯수레, 2009년

♥**경제상식:** 어렵게 느껴지는 경제상식을 이야기를 통해 쉽게 이해할 수 있다. 아이와 함께 책을 읽은 다음, 책에서 나온 경제개념으로 퀴즈를 내고 맞추는 놀이를 하면 경제상식을 높일 수 있는 계기가 될 것이다.

### 6. 《레몬으로 돈 버는 법》_ 루이스 암스트롱, 비룡소, 2002년

♥**경제개념:** 전 2권. 어려운 경제용어와 여러 가지 경제적 변화를 레모네이드 만들어 파는 과정을 통해 알기 쉽게 설명했다. 일상생활에서 아이가 이해하기 쉬운 사례를 예로 들어서 우리 생활에서 경제가 얼마나 중요한 부분을 차지하는지 이야기해보자.

### 7. 《꼬불꼬불나라의 경제이야기》_ 서해경, 풀빛미디어, 2013년

♥**경제상식:** 경제의 순환 등 경제 관련 지식을 이야기를 통해 흥미롭게 알

수 있고, 일상 속의 경제부터 국가 간의 무역까지 개념과 원리를 쉽게 학습할 수 있다.

### 8. 《세상의 모든 돈이 내 거라면》 _ 빌 브리튼, 보물창고, 2013년

♥**돈의 의미**: '내가 만약 쿠엔틴이라면' 다시 처음으로 돌아가 요정 플랜을 만났을 때 "무슨 소원을 말할까"라는 질문을 아이에게 해보고, 아이가 진정 원하는 것이 무엇인지에 대해 이야기해보자. '오직 나만 부자였으면' 하는 단순한 생각이 얼마나 문제가 많은 것인지를 일깨워주자.

### 9. 《사람은 무엇으로 사는가?》 _ 레프 톨스토이, 한국셰익스피어, 2015년

♥**행복한 삶**: 경제를 배운다는 것은 결국 행복한 삶을 살기 위한 것이다. 우리 생활에서 이웃과 함께 행복하게 산다는 것의 의미를 이야기해보면 좋은 책이다.

### 10. 《사람에겐 얼마만큼 땅이 필요할까?》 _ 레프 톨스토이, 을파소, 2011년

♥**욕심 다스리기**: 우리가 어느 정도를 소유했을 때 만족할 수 있을지 이야기를 나눠본다. '아흔아홉 가진 사람이 하나 가진 사람의 것을 빼앗는다'라는 속담의 뜻을 설명하면서, 인간의 끝없는 욕심을 어떻게 조절하고 다스려야 할지 생각해볼 수 있다.

## ✓ 우리 아이의 경제상식과 마인드를 넓혀주는 책 (10권)

어느 정도 경제관념이 생기기 시작하면 혼자 읽어보고 생각해볼 만한 책들을 권해보자. 지식뿐만 아니라 동기부여를 자극하는 책도 좋다.

### 1. 《재미있는 경제 이야기》 _ 이연주, 가나출판사, 2014년 개정판

**♥경제상식:** '신문이 보이고 뉴스가 들리는 재미있는 이야기' 시리즈 중 경제 이야기책이다. 신문과 뉴스에 자주 나오는 경제상식, 아이들이 궁금해하는 경제 이야기를 쉽고 재미있게 알려준다.

### 2. 《10대를 위한 재미있는 경제동화》 _ 톰 브라운, 명진출판, 2004년

**♥경제상식:** 아이들이 어려서 읽었던 동화를 경제적 시각에서 다시 바라볼 수 있게 해주는 책이다. 《백설공주》, 《신데렐라》, 《잭과 콩나무》 등의 내용을 각색해 경제용어와 경제상식을 배울 수 있다.

### 3. 《펠릭스는 돈을 사랑해》 _ 니콜라우스 피퍼, 비룡소, 2000년

**♥경제상식:** 12살 펠릭스는 부자가 되고 싶은 아이다. '아담 슈미츠'라는 아저씨를 만나며 가계부 쓰는 방법부터 경제에 관한 여러 가지를 배우고, 위기상황들을 헤쳐 나가는 이야기가 흥미롭다.

**4. 《딱 1시간 만에 깨치는 어린이 경제 특강》** _ 유혜정, 박물관, 2009년

♥**경제상식:** 사회에서 돈의 흐름과 경제 원리를 쉽게 이해시켜주며 돈에 대한 올바른 가치관과 합리적 소비관을 키워준다. 돈과 경제에 대해 아이들이 궁금해하는 내용들을 다루고 있어 호기심에 답해줄 수 있다.


**5. 《초등경제 생생 교과서》** _ 석혜원, 스콜라, 2009년

♥**경제상식:** 경제주체의 3요소인 가계, 기업, 정부로 나눠 경제활동을 설명하고 있다. 초등학생들이 경제의 흐름을 전체적인 큰 틀에서 볼 수 있어 이해하기 쉽다.


**6. 《열두 살 키라의 만화 경제 교과서》** _ 보도 섀퍼, 을파소, 2014년

♥**경제상식:** 평범한 소녀 키라의 생활 속에서 경제현상을 알아가는 내용이다. 신문이나 뉴스에 나오는 경제용어들을 설명해주며 우리 주변에서 일어나는 생활 속 경제이야기로 전개돼 있다. 만화책이라 경제를 좀 더 편하게 접근할 수 있다.


**7. 《어린이를 위한 경제 알림장》** _ 안현정, 크리스타, 2008년

♥**경제상식:** 학교에서 아이들에게 전달해주는 알림장이라는 제목이 친근하다. 건강한 부자가 되는 방법들을 아이들의 눈높이에 맞게 제시한다. 세계적

인 부자들이 어떻게 부자가 되었는지도 알려준다.

## 8. 《교과서 넘나들기 2. 경제편》 _ 이어령·최성희, 살림, 2010년

♥**경제상식:** 경제를 좀 더 큰 관점에서 바라볼 수 있게 해주는 책이다. 경제와

다른 학문을 융합해 종합적 사고를 할 수 있도록 돕는다.

## 9. 《너도 부자가 되고 싶니?》 _ 하가람, 거인, 2009년

♥**부자들의 성공습관:** 많은 아이들이 부자를 꿈꾼다. 20명의 세계적 부자

들의 성공습관을 통해 단지 돈이 많은 사람이 아니라 꿈을 실천하는 사람

이 되는 방법을 배울 수 있다.

## 10. 《경제위인 20명의 성공 시크릿》 _ 이연주, 조선북스, 2009년

♥**부자들의 성공습관:** 힘든 역경 속에서도 노력해 부자가 된 20명의 이야기

를 통해, 나는 어떤 장점을 잘 살려서 성공할 수 있을지 생각해볼 수 있다.

## 우리 가족 경제회의 운영하기 _____

학교에 수업을 하러 가면 아이들은 저마다 용돈에 대한 생각과 불만이 있다. 그때마다 나는 부모님과 대화를 해보라고 하지만, 아이들은 부모님이 일방적으로 결정하고 약속도 지키지 않는다며 볼멘소리를 한다.

부모와 아이는 용돈과 그 활용에 대해 서로 다른 생각을 가지고 있다. 그래서 필요한 것이 바로 가족 경제회의다. 제목은 거창하지만 부모와 자녀의 돈 관리와 경제개념을 알려주기 위한 대화의 시간을 가져보는 것이다. 일방적인 훈계나 가르침이 아니라 서로의 생각을 알아보고 조율하는 자리다.

갑자기 회의를 하자고 하면 아이들도 어리둥절해하고 경직될 수 있으니 사전 공지는 필수다. 사전 공지사항은 회의 주제, 안건, 시간 등이다. 장소는 가족이 모두 모여 앉아 이야기할 수 있는 안방이나 거실로 정한다. 과자나 음료수 등 먹을거리를 준비하고 작은 화분이나 장식용품도 함께 두면, 딱딱한 회의 분위기를 훨씬 더 부드럽게 만들수 있다. 회의 진행은 부모 중 한 사람이 맡고, 회의 내용에서 나온 가족 실천 방안들은 자녀가 정리하도록 한다. 가족 모두 회의에 익숙해지면 회의를 진행하는 사회자를 자녀가 맡는 것도 좋은 방법이다.

: 가족 경제회의 순서 :

1. 회의 시작

2. 경제 노래 부르기(두 곡 중 하나. 다 같이)
   〈노래 바꿔 부르기 1 열 꼬마 인디언〉
   〈노래 바꿔 부르기 2 소녀시대의 '소원을 말해봐'〉

3. 오늘의 회의 주제 발표

4. 서로의 생각 나누기

5. 회의 내용 정리, 실천방안 공유

6. 회의 종료

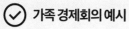 **가족 경제회의 예시**

**사전 공지사항**

**주제** : 가정에서 불필요한 지출 줄이기

**안건** : 통신비, 전기요금, 수도요금 줄이는 방법

**시간 및 장소** : 다음 주 토요일 저녁 식사 후 거실 식탁에서

1. 회의 시작

2. 경제 노래 부르기

3. 오늘의 회의 주제 발표

부모 : 이번 여름은 전기요금이 많이 나왔어. 각자 불필요한 지출을 줄이기 위한 노력해줘야 할 것 같아. 어떤 방법이 있을까?

4. 서로의 생각 나누기

훈육하거나 잔소리를 하는 게 아니라, 아이들이 스스로 생각해서 이야기하고 이야기한 것을 실천할 수 있도록 유도한다.

큰아이 : 드라이기를 쓰고 나서 코드를 안 빼놓는데, 다 같이 신경 쓰면 좋겠어요.

작은아이 : 아무도 없는 방에 불이 켜져 있을 때가 많은데 잘 끄도록 할게요.

큰아이 : 맞아. 학교에서 들었는데 전기밥솥이 전기 소모를 많이 한 대요!

엄마 : 그렇구나. 그건 엄마가 신경을 쓰도록 할게.

아빠 : 좋아. 아빠는 샤워할 때 물을 많이 쓰는 버릇이 있는데, 조금 신 경 써서 빨리 하도록 할게.

엄마 : 참! 냉장고를 너무 자주 열면 열 때마다 냉기가 빠져나와서 냉 장고가 더 많은 전기를 소모하게 되니까 자주 열지 않았으면 좋 겠어.

작은아이 : 핸드폰 사용에 대해서도 말하고 싶어요. 사용을 줄이면 요 금을 좀 더 줄일 수 있지 않을까요?

아빠 : 너희 둘은 키즈 요금제를 사용해서 적정선에서 사용하는데, 사 실 엄마 아빠가 좀 더 많이 사용하는 것 같아. 이건 엄마 아빠가 고치면 좋을 문제구나.

부모와 자녀가 함께 인터넷을 통해 검색해도 좋고 각자의 노하우나 방법을 이야기하면 좋다.

"물 좀 아껴 써, 샤워를 왜 이렇게 오래해!"

"냉장고 문 좀 그만 열어!"

이렇게 일방적인 지시는 아이들의 반감만 불러온다. 정보를 공유하고 요금청구서를 살펴보고 사용패턴과 흐름을 파악하는 시간을 가져보면서 반성하고 노력하는 가족 구성원이 될 수 있도록 대화의 창을 열어 놓자.

### 5. 회의 내용 정리, 실천방안 공유

큰아이 : 오늘 안건은 가정에서 불필요한 지출 줄이기였어요. 통신비, 전기요금, 수도요금 줄이는 방법을 함께 이야기했는데, 지금부터 실천할 수 있는 방법을 정리할게요.

① 드라이기 등 전자제품 쓰고 코드 뽑기

② 아무도 없는 방에 불 끄기

③ 전기밥솥 코드를 장기간 꼽아두지 않기

④ 샤워할 때 물 아껴쓰기

⑤ 냉장고 문을 길게, 자주 열지 않기

⑥ 핸드폰 사용량 줄이기(엄마 아빠)

가족이 상의해 도출된 실천방안은 깨끗하게 작성해서 냉장고나 거실 벽 등 가족이 잘 볼 수 있는 곳에 게시하는 것이 좋다. 이렇게 공유하면, 회의로 그치지 않고 행동 변화까지 유도할 수 있다. 다음 회의 때 이전 안건에 대한 실천상황을 함께 이야기하는 것도 좋은 방법이다.

**6. 회의 종료**

## 아이와 함께 체험 경제교육 _____

부모와 아이가 함께 경제에 대해 재미있게 공부할 수 있는 인터넷 사이트들이 있다. 다양한 정보들과 체험 프로그램을 통해 경제와 친하게 놀아보자.

- 기획재정부 어린이경제교실 www.kids.mosf.go.kr
- 한국은행 경제교육 어린이 경제마을 www.bokeducation.or.kr
- 청소년금융교육협외희 주말경제교실(서울) http://fq.or.kr
- 한국은행 화폐박물관(서울) http://museum.bok.or.kr
- 조폐공사 화폐박물관(대전) http://museum.komsco.com
- 한국예탁결제원 증권박물관(일산) http://museum.ksd.or.kr
- 전국투자자교육협의회 금융투자체험관(서울) http://kcie.or.kr/index.jsp
- 생명보험교육문화센터(서울, 부산) http://lifeinsedu.or.kr
- 신한은행 한국금융사박물관(서울) http://shinhanmuseum.co.kr
- 조세박물관(세종) www.nts.go.kr/museum
- 금융감독원 금융교육센터 www.fss.or.kr/edu/main.jsp
- 손해보험학습센터 윙크 http://edu.knia.or.kr/

# 경제용어 알아보기 _____

## 금융

- 금융 : 돈을 빌리고 빌려주는 것.

- 금리(이자율) : 돈을 빌리고 빌려주는 데 지불해야 하는 대가.

- 기준금리 : 금융회사 금리의 기준이 되는 금리.

- 명목금리 : 물가상승률을 고려하지 않는 금리.

- 실질금리 : 물가상승률을 감안한 금리.

- 고정금리 : 확정된 금리.

- 변동금리 : 시장의 움직임에 따라 금리가 변하는 것.

- 세전금리 : 세금을 내기 전 금리.

- 세후금리 : 세금을 내고 난 후의 금리.

- 단리와 복리 : 이자계산법에는 '단리'와 '복리'가 있다. 원금에 일
  정기간의 금리만 적용하는 것을 단리라고 하고 복리는 쉽게 말하
  면 원금의 이자에까지 이자를 주는 것이다.

## 금융기관

- 금융회사 : 돈을 중개하고 관리하는 회사로서 은행, 증권사, 신용
  카드사, 보험사, 우체국, 협동조합 등이 있다. 금융회사는 크게

제1금융권과 제2금융권으로 구분된다. 제1금융권과 제2금융권은 금융회사가 파산해도 보호받을 수 있는 예금자보호법에 적용을 받는다. 그러나 단위농협, 신협, 새마을금고는 이 법의 적용을 받지 않고 자체 기금을 통해 보호받는다.

- 제1금융권 : 중앙은행인 한국은행과 일반 시중 은행.

- 제2금융권 : 은행을 제외한 금융회사들.

- 저축은행 : 서민과 작은 기업의 영세한 예금을 취급하는 기관으로 예전에 상호신용금고로 불렀다. 은행이라는 단어가 들어가 있지만 제1금융권이 아니다.

- 캐피탈회사 : 제2금융권에 속하는 할부 금융회사. 신용등급이 낮은 사람들을 대상으로 하며 대출 시 은행보다 금리가 높은 편이다.


## 은행

- 보통예금 : 수시로 입출금이 가능한 통장식 예금.

- 정기적금 : 정해진 기간 동안 일정 금액을 매월 적립하는 예금.

- 정기예금 : 일정 금액을 정해진 기간 동안 찾지 않는 저축방법으로 보통예금에 비해 이자가 조금 더 높다.

- 예금자보호제도 : 금융회사가 파산 등으로 인해 고객의 금융자산을 지급하지 못할 경우 국가기관인 예금보험공사가 원금과 이자

를 포함해 예금자 1인당 5,000만 원까지 지급하는 제도.

## 증권회사

- 주식 : 회사 운영의 투자금을 마련하기 위해 발행하는 증서.

- 주가 : 주식의 가격.

- 상장 : 기업이 일정한 기준과 심사를 통과해 증권시장에서 주식을 거래할 수 있도록 허용하는 것.

- 배당금 : 기업이 이익을 발생시켰을 시 이익금의 일부를 주주들에게 분배하는 것.

- 펀드 : 여러 투자자가 돈(기금)을 마련한 것을 투자전문가인 펀드매니저에게 투자를 위임하는 간접투자로 수수료가 발생한다.

- 코스피와 코스닥 : 야구에서 메이저리그(프로), 마이너리그(아마추어)가 있는 것처럼 주식을 거래할 때도 코스피와 코스닥이 있다. 코스피에 등록된 회사들은 중견기업이라면 코스닥에 등록된 회사들은 성장 가능성 있는 중소기업들이다.

- 채권 : 국가, 공공기관, 회사 등이 대규모 사업을 위해 큰돈을 마련하려고 할 때 발행하는 증서이며 금액, 만기일, 이자율이 적혀 있다. 국가에서 발행하면 국채, 지방자치단체에서 발행하면 지방채, 회사가 발행하면 회사채라고 한다.

## 보험회사

- 보험 : 일상생활에서 수많은 위험으로부터 손실을 줄여 주려는 위험회피 수단.

- 보험료 : 보험을 가입한 사람이 내는 돈.

- 보험금 : 사고가 발생했을 때 보험사로부터 받는 돈.

- 보험계약자 : 보험계약을 맺고 보험료를 내는 사람.

- 피보험자 : 보험계약상 사고 발생 시 실제 손해 입은 사람.

- 보험수익자 : 보험금을 받는 사람. 손해보험은 피보험자가 보험수익자가 되지만, 생명보험의 경우 피보험자와 보험수익자가 다를 수 있다.

- 보장성 보험 : 상해·입원·사망 등 생명에 대한 사고, 화재 등 재산 피해가 났을 때 계약상 약속된 보험금을 받는 보험.

- 변액보험 : 보험계약자가 납입한 보험료 중 일부를 주식이나 채권 등에 투자해 운용 실적에 따라 투자이익을 나눠받는 상품. 투자 수익률에 따라 받을 수 있는 보험금이 달라지기 때문에 변액(금액이 변한다는 의미)보험이라고 한다.

- 연금보험 : 피보험자의 평생 또는 일정기간 동안 정해진 금액을 지급해주는 보험.

- 사회보험 : 국가가 법률로 정해 국민의 최소한의 생활을 보장하

기 위한 제도로 건강보험, 국민연금, 고용보험, 산재보험, 장기요양보험이 있다.

- 민영보험 : 사회보험과 달리 개인이 필요에 의해 가입하는 보험으로 크게 생명보험과 손해보험이 있다.

- 생명보험 : 사람의 생명이나 신체의 위험을 대비하기 위한 보험.

- 손해보험 : 다양한 위험으로 인한 재산의 손해를 보상해주는 보험.

## 신용회사

- 신용 : 일정 시점에 갚기로 하고 미리 돈이나 물건을 사용하는 능력을 말한다.

- 신용등급 : 신용평가회사와 은행에서 수집한 고객의 신용정보를 바탕으로 1~10등급으로 신용을 매기는 것. 각 금융회사마다 신용등급이 조금씩 다를 수 있다. 현행 1~10등급으로 구분되는 개인 신용평가 등급제가 중장기적으로 1~1,000점의 점수제로 바뀐다.

- 금융채무불이행자 : 금융회사에서 돈을 빌린 후 갚지 못한 사람. 과거에는 신용불량자로 불렸다. 50만 원 이상 3개월 이상 연체 시 채무불이행자로 등록된다.

스스로 돈 관리하는 아이로 만드는

# 용돈교육의 마법

초판 1쇄 발행 2018년 10월 24일
초판 3쇄 발행 2019년 7월 25일

지은이 김영옥
펴낸이 정용수

사업총괄 장충상 본부장 홍서진
편집주간 조민호 편집장 유승현
책임편집 유승현 편집 조문채
디자인 엔드디자인 출판기획 ㈜엔터스코리아
영업·마케팅 윤석오 우지영
제작 김동명
관리 윤지연

펴낸곳 ㈜예문아카이브
출판등록 2016년 8월 8일 제2016-000240호
주소 서울시 마포구 동교로18길 10 2층(서교동 465-4)
문의전화 02-2038-3372 주문전화 031-955-0550 팩스 031-955-0660
이메일 archive.rights@gmail.com 홈페이지 ymarchive.com
블로그 blog.naver.com/yeamoonsa3 페이스북 facebook.com/yeamoonsa

ⓒ 김영옥, 2018(저작권자와 맺은 특약에 따라 검인을 생략합니다.)
ISBN 979-11-87749-99-8 03370